Jeux de TEXTURE

la pâtisserie autrement

Berry Farah
en collabroation avec
Richard Ildevert
professeur de l'école Lenôtre

Les autres livres des Éditions Berry Farah

La Pâtisserie Nouvelle Théorie
de Berry Farah
(épuisé)

La Pâtisserie du XXIe siècle, les Nouvelles Bases
de Berry Farah

ISBN : 978-29810597-2-7

Restauration Historique des Bases de la Pâtisserie Française
de Berry Farah

ISBN : 978-29810597-3-4

Rédaction

Berry Farah

Couverture,

conception graphique et photographie

Richard Ildevert

Conception graphique

Richard Ildevert & Berry Farah

Photos

exceptés les portraits des auteurs

Berry Farah

©Berry Farah 2015

@Éditions Berry Farah 2015

Dépot légal : Bibliothèque et Archives Nationales du Québec 2015

Dépot légal : Bibliothèque et Archives Canada 2015

ISBN : 978-2-9810597-5-8

Sommaire

Préface	9
Le livre	11
Rencontre	13
Auteurs	15
Ingrédients	17
A la découverte de la farine	19
Méthode de réalisation	35
L'émulsion	37
Sablage	39
Sablé Breton et famille	41
De la théorie à la pratique	58
Galette Bretonne	59
Sablé au chocolat	61
Sablé aux amandes	63
Pâte à tarte	65
Biscuit de Savoie et famille	67
De la théorie à la pratique	83
Gâteau de Savoie	85
Cake à l'anglaise	87
Gâteau aux amandes	89
Gateau au chocolat	91
Kugulhupf et famille	93
De la théorie à la pratique	115
Kugulhupf	118
Brioche Parisienne	119
Gâteau de Compiègne	121
Panettone à la levure	122
Conclusion	124

Préface

Jeux de TEXTURE

Un peintre joue sur les textures avec la « pâte » et la « touche » qu'il appose avec ses pinceaux et couteaux sur la toile, pour satisfaire notre œil, faire naître des sensations visuelles.

De même, un pâtissier, avec son fouet, sa corne et ses spatules, va jouer avec les ingrédients pour satisfaire notre palet et faire naître en nous des sensations gustatives lors de la dégustation : le fondant, croquant, croustillant, moelleux etc… autant de notions pour chatouiller nos papilles et éveiller nos sens, réveiller en nous des émotions, des souvenirs ou encore en créer pour rester graver dans notre mémoire tout au long de notre vie.

Mais il ne faudrait pas penser qu'en parlant de « jeux » on souligne le côté ludique et hasardeux du pâtissier mais bien au contraire tout le savoir faire et le talent pensé et réfléchi de celui qui parvient à une maîtrise des éléments qu'il doit associer pour arriver à la texture souhaitée.

« La texture fait la qualité de votre produit » comme nous le montrent Berry Farah et Richard Ildevert à travers cet ouvrage très pro, rigoureux et méthodique.

Je vous laisse entre leurs mains expertes… en Jeux de TEXTURE !

Je souhaite tout le succès possible à cet ouvrage, surtout que Richard Ildevert sera un des grands professionnels de demain, j'en suis certain ! Il à cette gentillesse, cette rigueur pour….

Christophe Felder

Le livre

Le livre va vous conduire sur les routes de trois pâtes de base, les pâtes friables, les pâtes levées, les biscuits à la française et autres déclinaisons que l'on appelle vulgairement les pâtes battues.

Vous allez apprendre ce qui fait la texture de ces pâtes et comment intervenir sur chaque recette pour créer vos propres variations.

Les recettes présentées sont à nu. C'est à vous de les parfumer, de les agrémenter de produits divers et de les décorer.

Chacune des recettes ont été testées plusieurs fois par Richard et Berry dans des environnements professionnels et amateurs en tenant compte de la réalité française et canadienne.

Les ingrédients choisis sont indiqués avec précision pour que vous puissiez reproduire le produit le plus fidèlement possible. C'est pourquoi un chapitre est consacré au choix des ingrédients et où se les procurer. Ce choix –particulièrement celui des farines– est déterminant dans la qualité du produit et sa texture. Insistez auprès de vos meuniers pour avoir le maximum d'informations sur votre produit.

Les recettes du livre représentent chacune une texture particulière dans la catégorie à laquelle elles appartiennent.

Une fois que vous aurez reproduit les recettes ce sera à vous de les adapter ou de créer les vôtres.

Pour ceux et celles qui souhaiteraient approfondir la technologie, nous vous invitons à vous référer au livre de Berry Farah *"La pâtisserie du XXIe siècle, les nouvelles bases"*.

Bonne lecture !

Rencontre

Lorsque j'ai écrit mon premier livre, *la Pâtisserie Nouvelle Théorie*, je ne savais pas où allait me conduire cette nouvelle aventure. Thuriès Magazine fut le premier à en parler ce qui lui a donné, sans aucun doute, un élan. Ainsi se sont enchaînées les rencontres enrichissantes. Elles m'ont encouragé à poursuivre ce –long et difficile– travail de redéfinition des règles qui régissent la pâtisserie. Ce premier livre, puis les articles sur mon site, m'ont permis de développer des amitiés avec des amateurs et des professionnels dont certains meilleurs ouvriers de France. Toutes ces rencontres et ces échanges m'ont obligé à questionner davantage mon travail, à pousser plus loin mes recherches et à sortir un nouveau livre, *la Pâtisserie du XXIe siècle, les Nouvelles Bases*, puis un troisième sur l'Histoire de la pâtisserie, *Restauration Historique des Bases de la Pâtisserie Française*. Mes livres ont pu continuer leur chemin grâce à Déborah Dupont de la Librairie Gourmande qui m'a fait confiance en présentant mes livres dans cette librairie incontournable, où 20 ans plus tôt j'avais acheté mes premiers livres de pâtisserie lors d'un séjour à Paris. Cette rencontre avec la Librairie Gourmande, je la dois à Jean Christophe Jeanson chef pâtissier chez Lenôtre qui avait suggéré mon livre.

Mais voilà, il y a plus de 2 ans, une nouvelle rencontre m'a conduit à ce nouvel ouvrage. Ce fut celle avec Richard Ildevert pâtissier, glacier, boulanger et formateur à l'école Lenôtre, un de mes premiers lecteurs. Il est, de ces pâtissiers, ouvert à l'innovation, curieux, intéressé par la technologie et passionné par son métier. Nos échanges m'ont conduit à l'inviter à participer à ce quatrième ouvrage.

Ce nouveau livre ne devait plus être simplement axé sur la technologie mais s'ouvrir à la pratique. Quoi qu'on en dise, si les recettes ne font pas le pâtissier, elles restent un socle dans la profession. Je souhaitais offrir des recettes nouvelles du moins dans l'équilibre des ingrédients et dans une certaine mesure dans les techniques choisies. Ces recettes ne devaient pas être réservées uniquement aux professionnels mais s'adresser aussi à un grand public. L'expérience professorale et professionnelle de Richard ne pouvait que compléter mon travail technologique. Il ne suffit pas d'écrire des recettes, il faut pouvoir en discuter, les confronter aux différentes expériences et pouvoir les rendre reproduisible en toute circonstance. C'est ainsi que nous avons décidé d'unir nos forces pour offrir quelque chose de

Rencontre

nouveau aux professionnels et aux amateurs. Pour aller plus loin nous avons pris le temps de mettre en place une stratégie pour répondre autant à la réalité européenne, plus particulièrement française, mais aussi à la réalité nord-américaine, particulièrement québécoise. C'est pourquoi, nous avons fait le choix de mettre les marques des produits utilisés et les possibles substituts afin que vous puissiez reproduire les recettes le plus fidèlement possible.

C'est ainsi que nous nous sommes lancés dans cette nouvelle aventure dont nous espérons qu'elle vous emballera et vous conduira vers de nouvelles routes.

Les auteurs

RICHARD ILDEVERT _ Richard s'est intéressé assez rapidement à la pâtisserie, un métier qu'il a appris à partir de l'âge de 15 ans.

Durant 4 ans, il effectue son apprentissage chez Lenôtre puis se spécialise pendant 3 ans à l'atelier des glaces avant de partir pour un palace suisse durant à 3 ans (Kempinski). En parallèle, il continue à suivre des cours de formation et à participer à des compétitions professionnelles, à des associations culinaires et à des événements gastronomiques. Rigoureux et passionné, il perfectionne l'art de la pâtisserie, du chocolat, de la glace, celle que l'on déguste et celle que l'on sculpte, de la confiserie et se forme également au monde de la boulangerie-viennoiserie .

En 2010, il retourne chez Lenôtre pour consolider ses acquis dans le secteur de la boulangerie et viennoiserie.

Sa passion et sa volonté de partager son savoir conduit Richard à rejoindre l'équipe pédagogique de l'école Lenôtre au début 2012, ce qui lui permet de voyager à travers le monde et de continuer à approfondir ses connaissances et son ouverture d'esprit.

BERRY FARAH _ Depuis sa plus petite enfance Berry est fasciné par la pâtisserie. Sa passion pour les arts culinaires devient une profession après un passage à l'Institut de Tourisme et d'Hôtellerie du Québec. Il est finaliste au 7e grand prix de la restauration du Canada, puis travaille comme apprenti traiteur chez Lenôtre Montréal, et par la suite dans une pâtisserie française. Puis, il interrompt momentanément sa carrière pour travailler dans les nouveaux médias avant de revenir dans la pâtisserie de restauration durant 5 ans. La restauration ne répondant d'aucune façon à sa soif de se dépasser et d'enrichir ses connaissances, il décide de se former à la technologie culinaire adaptée à la pâtisserie et à la boulangerie et d'écrire son premier livre sur le sujet. Depuis, il continue inlassablement ce travail afin d'éclairer les pâtissiers et les boulangers sur les phénomènes qui se produisent dans leur laboratoire et leur fournil.

Les ingrédients

Québec, Canada

FARINE

La Blonde, La Paris D'or, La Soulange
Les moulins de Soulanges (http://www.moulinsdesoulanges.com/fr/)

La blonde est mon coup de coeur 2015. Avec 0.3% de malt, elle vous offre aussi de magnifiques pains.

Les farines des moulins de soulanges sont typées avec un taux d'extraction plus élevé que les farines tout usage commerciales.

Ces trois farines s'adaptent parfaitement bien aux recettes des pâtes levées présentes dans le livre. Le taux d'hydratation pourra être adaptée à la hausse ou à la baisse en fonction de la récolte 2014. Généralement la Soulange requiert parfois d'augmenter la taux d'hydratation. La Paris d'Or de la récolte 2013 était optimale pour ce type de pâte.

10134 Farine à Pizza Style Italien, 11012 Tulip Farine à biscuit et à pâtisserie, 10112 Tout Usage
RobinHood (Ardentmills, http://www.ardentmills.ca/)

La Tulip est réservé pour les pâtes friables et les pâtes battues. C'est la farine idéale pour ce type de pâte.

La farine à Pizza style italien est l'idéal pour les pâtes levées particulièrement le Panettone. Dans ce cas, il est nécessaire d'augmenter légèrement le taux d'hydratation des recettes. La tout usage 10112 convient parfaitement bien aux pâtes levées avec laquelle les pâtes ont été testées.

Grand Public : Farine RobinHood Tout Usage Non traitée Non blanchie

La Levure

Osmotolérante Lesaffre ou Lallemand. (https://www.vanillafoodcompany.ca/, Distribution Aubut)

Le malt diastasique

Hoosier Hill Farm
http://www.hoosierhillfarm.com en vente sur amazon.ca

Les ingrédients

France

Professionnel :

FARINE

Farine T45 Label Rouge.

Farine Biscuitière Decollogne
(http://decollogne.fr/)

La Levure

Osmotolérante Lesaffre fraîche ou instantanée. Pour la levure instantanée la conserver dans une boîte hermétique au congélateur après ouverture du paquet. Conservation 3 mois.

Le malt diastasique

Disponible en petite quantité sur le site
(http://bakerybits.co.uk/)

Grand Public :

Vous pourrez trouver l'ensemble des produits nécessaires à réaliser les recettes du livre sur le site http://bakerybits.co.uk/ y compris la farine

Autrement

Farine T45 commerciale type Francine
ATTENTION: Il faudra diminuer l'hydratation des recettes de près de 20 à 25%.

Levure à brioche Francine en remplacement de la levure Osmotolérante.

L'alvéographe de Chopin

Chopin est un ingénieur français qui a mis au point l'alvéographe au début du XXe siècle.

Cet instrument permet de mesurer les capacités rhéologiques de la farine. Aujourd'hui, l'alvéographe est souvent associé au consistographe. Cette association permet de mesurer des farines dont le grain est plus dur et qui absorbent beaucoup d'eau. Sans le consistographe, l'alvéographe donnerait pour ce type de farine des courbes erronées.

Le principe de l'alvéographe est de préparer une pâte qui sera soumise à une pression pour faire gonfler la pâte comme un ballon jusqu'à éclatement. L'alvéographe mesure la résistance de la pâte à gonfler sans éclater. Le résultat se traduit sous forme d'une courbe.

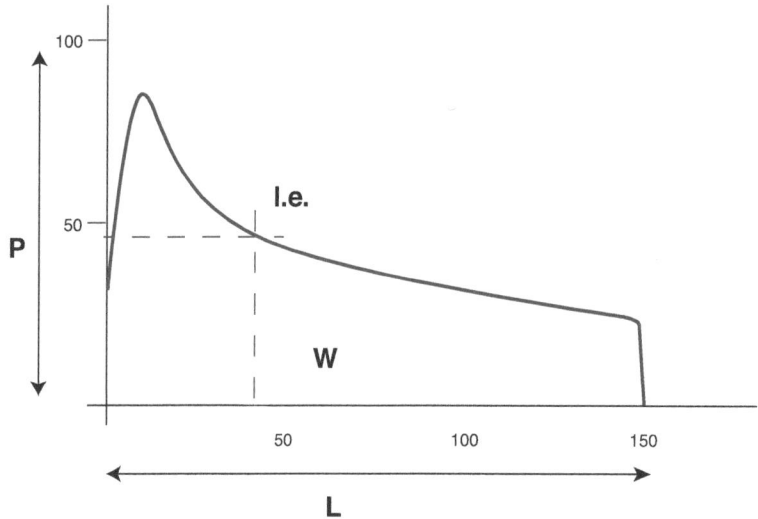

Cette courbe traduit la capacité de la pâte à résister à la pression avant d'éclater, la capacité de la pâte à gonfler et donc de prendre du volume, l'élasticité et la force de la pâte.

La résistance à la pression est le P sur la courbe qui représente la ténacité.
Le capacité de gonflement est le L sur la courbe qui représente l'extensibilité
Le ie est l'index d'élasticité
Le W représente la force de la pâte.

Pour ma part le W n'est pas suffisamment représentatif des qualités rhéologiques de la farine. En effet pour un même W le P et le L peuvent varier de façon importante. Il est préférable de se fier à la ténacité (P) et à l'extensibilité (L) et dans une certaine mesure à l'élasticité (ie) pour avoir un profil de la farine dont on puisse se servir pour ajuster notre recette et notre travail. Certains meuniers indiquent parfois la valeur G (gonflement) qui est une autre représentation de l'extensibilité. Reste que la valeur P et L sont les valeurs les plus représentatives et les plus visuelles pour un boulanger et un pâtissier car ils rapprochent plus de leur réalité. Ces valeurs m'ont servi de références pour élaborer la théorie que je vous présente dans le livre.

À la découverte de la farine

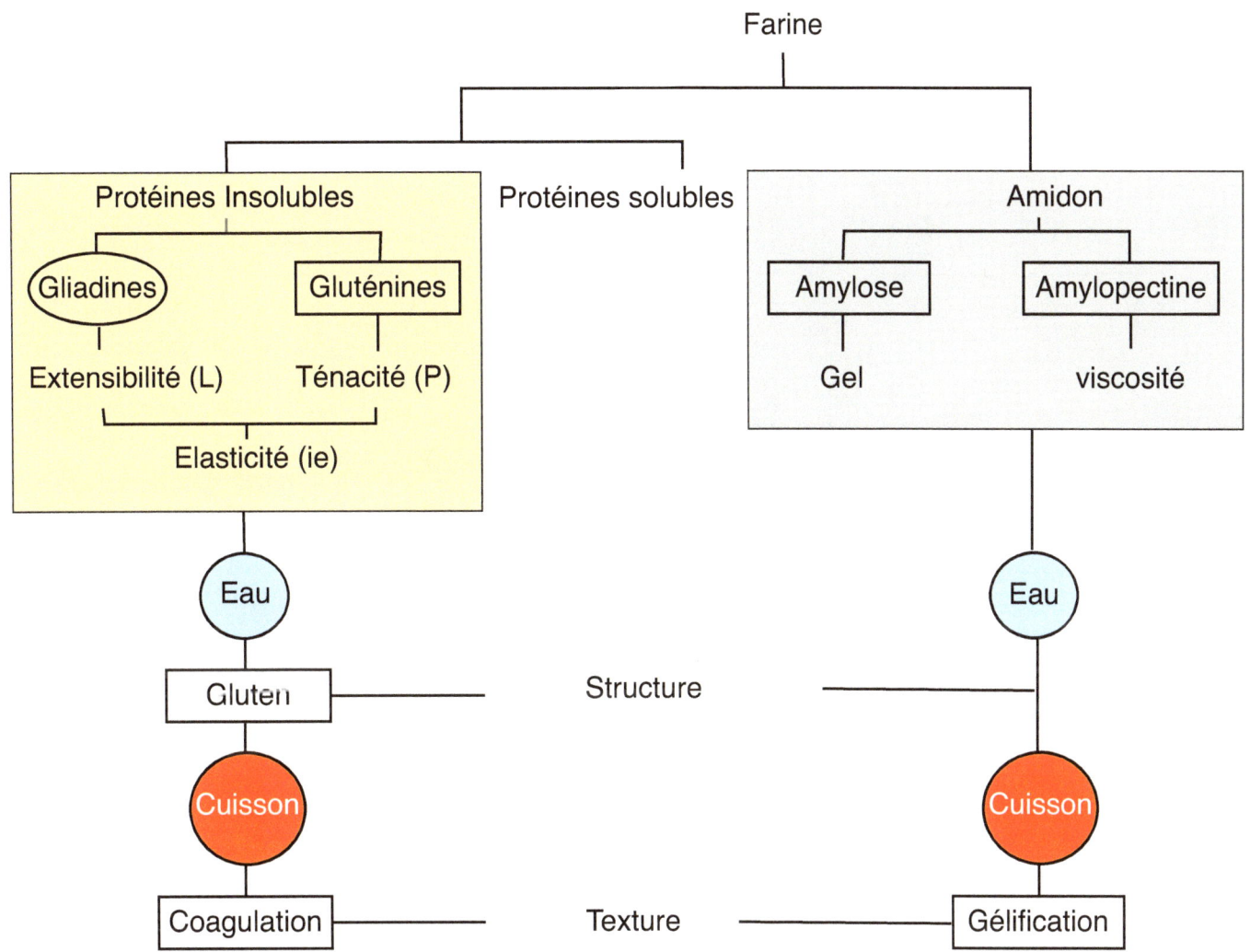

Tous les blés n'ont pas le même rapport entre amylose et amylopectine.

L'amylopectine améliore l'extensibilité de la pâte
Ex : utilisation de blé glutineux ou cireux comme améliorant (blé avec un amidon contenant 100% d'amylopectine)

Dans le blé, il existe d'autres types d'amidon comme les pentosanes qui influencent aussi la structure du produit.

Des études scientifiques montrent que les protéines solubles joueraient un plus grand rôle qu'on l'aurait pensé

À la découverte de la farine

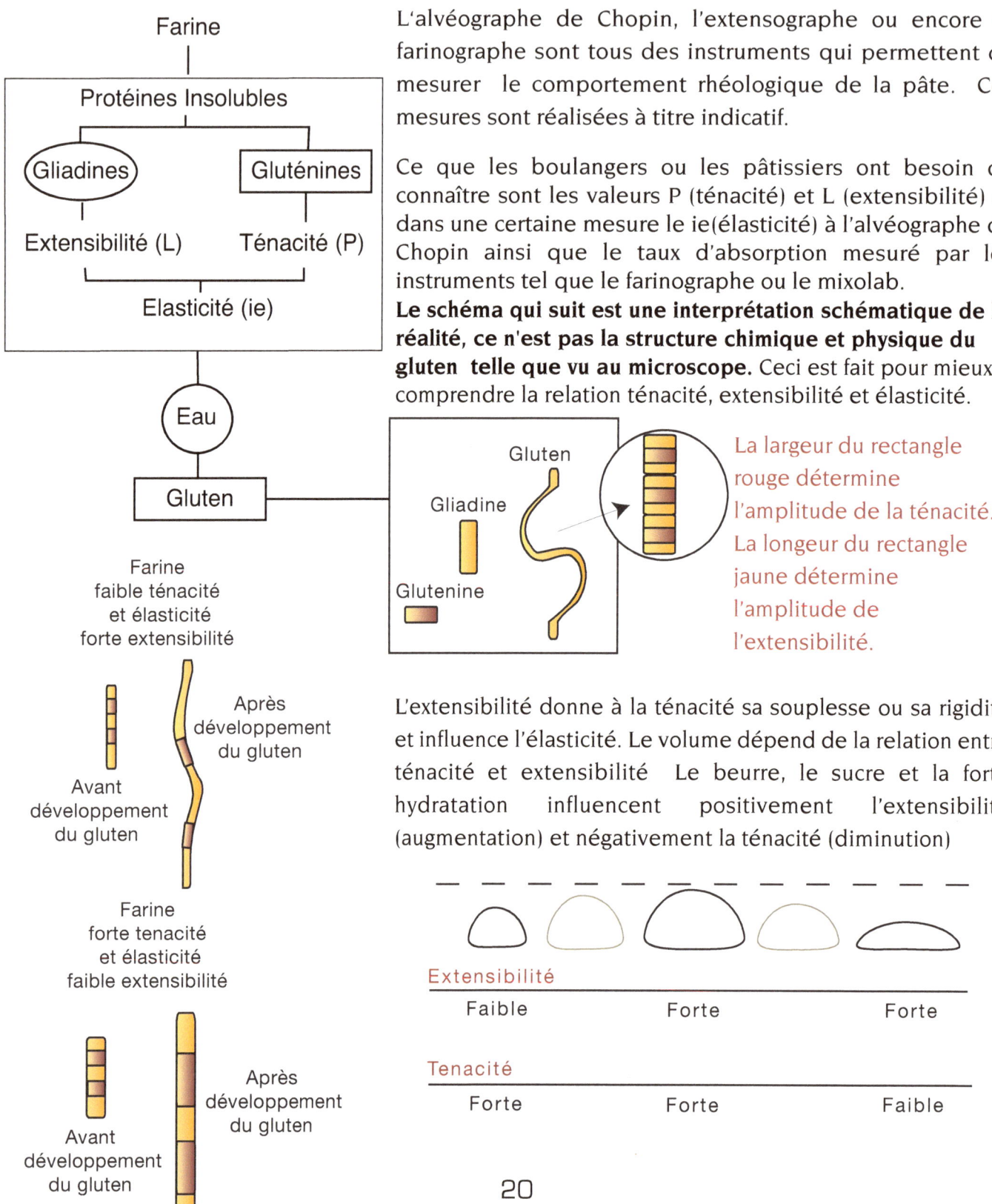

L'alvéographe de Chopin, l'extensographe ou encore le farinographe sont tous des instruments qui permettent de mesurer le comportement rhéologique de la pâte. Ces mesures sont réalisées à titre indicatif.

Ce que les boulangers ou les pâtissiers ont besoin de connaître sont les valeurs P (ténacité) et L (extensibilité) et dans une certaine mesure le ie (élasticité) à l'alvéographe de Chopin ainsi que le taux d'absorption mesuré par les instruments tel que le farinographe ou le mixolab.
Le schéma qui suit est une interprétation schématique de la réalité, ce n'est pas la structure chimique et physique du gluten telle que vu au microscope. Ceci est fait pour mieux comprendre la relation ténacité, extensibilité et élasticité.

La largeur du rectangle rouge détermine l'amplitude de la ténacité.
La longeur du rectangle jaune détermine l'amplitude de l'extensibilité.

L'extensibilité donne à la ténacité sa souplesse ou sa rigidité et influence l'élasticité. Le volume dépend de la relation entre ténacité et extensibilité. Le beurre, le sucre et la forte hydratation influencent positivement l'extensibilité (augmentation) et négativement la ténacité (diminution)

Extensibilité		
Faible	Forte	Forte

Tenacité		
Forte	Forte	Faible

À la découverte de la farine

En général, sur l'alvéographe de Chopin un L au-dessus de 120 peut être considéré comme une forte extensibilité et en-dessous de 80 comme une faible extensibilité. Cependant le ratio ténacité/extensibilité (P/L) influence l'équilibre des forces. Ainsi, avec une faible ténacité(P) et une extensibilité(L) moyenne, on peut considérer que l'extensibilité est convenable car l'équilibre des forces permet de dire que l'extensibilité est suffisante pour la ténacité présente (P/L ~ 0.6). A cela s'ajoute le facteur d'élasticité (ie) qui va influencer le rapport de force P/L en apportant plus de rigidité ou de souplesse. On peut avoir une farine bien équilibrée avec une forte ou faible élasticité. Le type de blé, particulièrement la dureté du grain et la saison de culture (automne ou printemps), aura une incidence sur le comportement rhéologique de la farine.

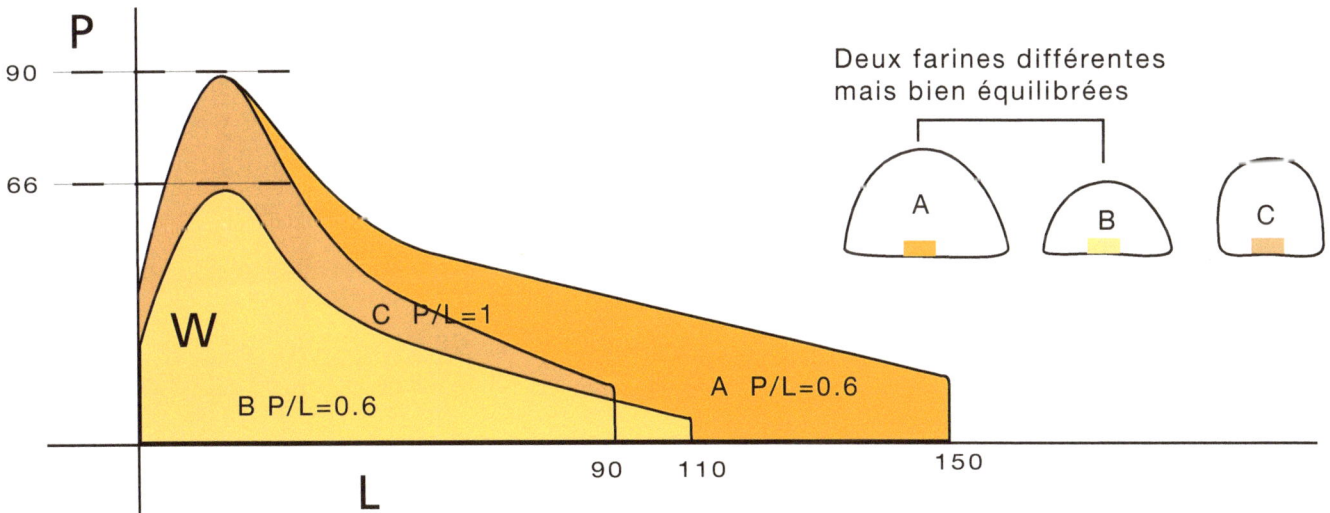

La farine biscuitière

La farine biscuitière est beaucoup moins connue en France qu'ailleurs dans le monde où elle est appelée pastry flour (farine à pâtisserie)ou soft flour (farine tendre allusion à la dureté du grain). En Italie, les farines sont classées davantage en fonction de leur utilisation. Dans ce cas il est plus facile de faire un choix adapté à son produit.

La farine biscuitière est une farine dont le grain est mou, ce qui donne une farine plus faible en protéines avec généralement une très faible ténacité et une plus ou moins forte extensibilité. Il existe différents types de farine biscuitière.

En Amérique du Nord, les farines dites à pâtisserie sont quasi standard avec de petites variantes au niveau des protéines. Généralement ce type de farine peut servir à toutes les pâtes sablées et les pâtes battues même si dans l'industrie le choix de la farine biscuitière peut être plus pointue. En France, il ne semble pas avoir de standard. C'est ainsi que la farine biscuitière utilisée pour les recettes du livre était très faible en protéines. La conséquence est que les sablés ont été d'une friabilité et d'un fondant difficile à avoir avec d'autres farines. Dans certaines recettes, il a fallu ajouter un faible pourcentage de T45 pour arriver à obtenir une farine similaire à la farine à pâtisserie nord-américaine.

Cette farine a généralement une granulométrie fine qui lui confère en partie ses qualités et qui expliquerait la raison pour laquelle on peut obtenir pour certains types de cake de meilleur volume et dans le cas des sablés des produits plus aérés

Cette farine peut dans certains cas servir d'améliorant en remplacant 20% à 30% d'une farine forte pour en améliorer l'extensibilité. Bien entendu tout dépend du type de farine biscuitière que l'on a.

Pour le grand public, dont la farine biscuitière n'est pas disponible, nous les invitons a remplacer une partie de leur farine régulière, pas plus que 20%, par de l'amidon de riz pour plus de friabilité et de l'amidon de pomme de terre dans le cas de pâte battue. Il est possible aussi d'acheter de la farine italienne adaptée aux produits à réaliser.

À la découverte de la farine

Théorie de l'élastique

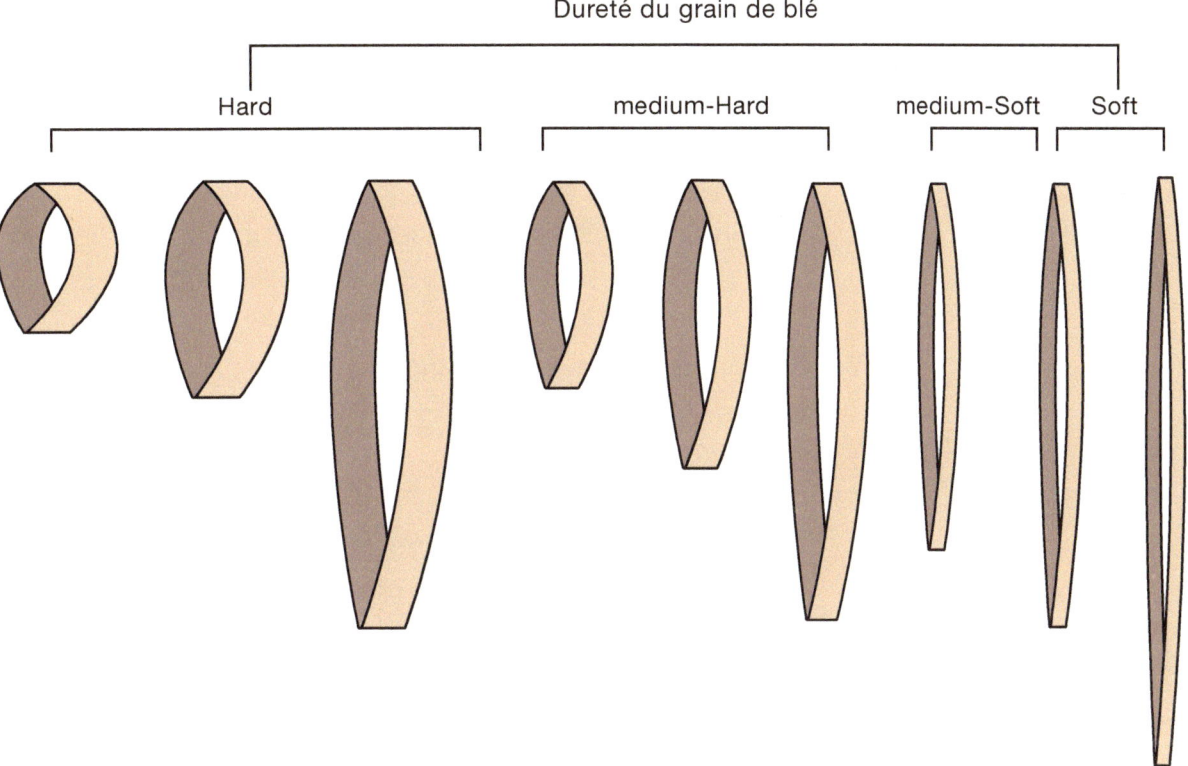

Pour comprendre la notion d'élasticité et d'extensibilité, j'ai imaginé une théorie, la théorie de l'élastique. En effet, un élastique est un jeu de force (l'élasticité) qui se partage entre ténacité et l'extensibilité. Pour ce faire, il suffit d'acheter des élastiques de différentes grosseurs et de différentes grandeurs pour bien comprendre ce qui se passe lorsqu'on travaille la pâte à pain.

Un élastique plus fin et long va pouvoir s'étirer de façon très aisée. Il n'y a pratiquement pas de résistance, il peut même arriver à ce qu'il cède si on l'étire de trop. Si l'élastique est plus court, une certaine résistance se manifeste par le fait d'une extensibilité moins importante, mais il finit par céder si la force exercée est importante. Par contre si l'élasticité est plus forte, c'est-à-dire l'élastique est plus large, la résistance à la rupture est plus forte quelque soit la longueur de l'élastique.

L'élasticité traduit le rapport entre la ténacité, qui représente la grosseur de l'élastique, et l'extensibilité qui représente la grandeur de l'élastique.

À la découverte de la farine

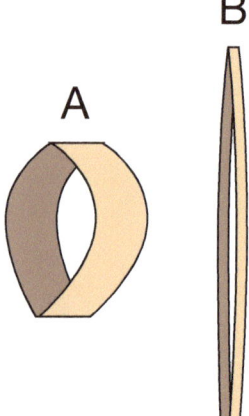

A Forte Résistance. L'élastique ne s'allonge qu'avec beaucoup d'effort. Faible Extensibilité. Forte ténacité

IMPORTANT : en réalité dans le cas de la farine cette exemple ne représente pas toujours la réalité car une forte ténacité avec une très faible extensibilité donne des pâtes qui peuvent relacher voire être collantes. C'est pourquoi il faut une certaine extensibilité pour avoir une résistance alors que dans le cas d'un élastique caoutchouteux, il peut avoir une très forte résistance avec presque pas d'extensibilité

B Faible résistance. L'élastique s'allonge aisément. Forte Extensibilité. Faible ténacité

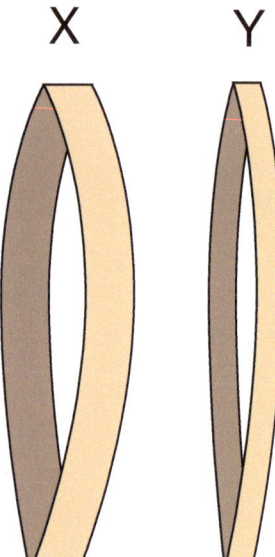

X Plus ou moins forte ténacité et bonne extensibilité
Ex : P=90 L=120 P/L=0.75)

Y Plus ou moins faible ténacité et bonne extensibilité
Ex: P=72 L=120 P/L=0.6)

Si à prime abord ces farines ont une extensibilité similaire, la farine Y pourra s'étirer davantage alors que la farine X montrera plus de résistance. Elle sera plus élastique. En fonction du type de produit, le volume pourrait être plus important avec la X ou la Y même si la Y aura tendance à donner plus de volume du fait de sa plus grande souplesse.

À la découverte de la farine

Texture, extensibilité et ténacité

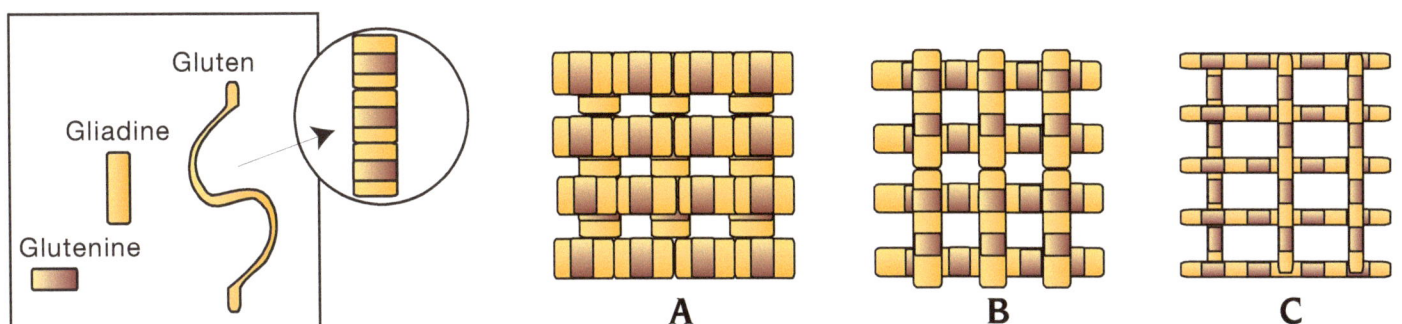

L'équilibre entre la ténacité et l'extensibilité va influencer la structure et la texture des pâtes. Cela aura des conséquences sur la fermentation. Le temps de pointage et le temps de l'apprêt vont différer en fonction de cet équilibre.

A Réseau glutineux fort. Forte ténacité. Plus ou moins faible extensibilité. Forte rétention gazeuse. Les bulles d'air gonflent plus lentement. Pointage plus court. Apprêt plus long. En cas de forte hydratation mie caoutchouteuse. En cas de faible hydratation mie qui s'effrite. (Type de produit : pain de mie, miche en fonction du type de farine)

B Réseau glutineux moyennement fort. Bon équilibre ténacité/extensibilité. Bonne rétention gazeuse. Bon développement. Pointage long. Apprêt plus ou moins court. Une mie ni trop sèche, ni trop moelleuse.(Type de produit baguette, croissant ou viennoiserie en fonction du type de farine)

C Réseau glutineux faible. Faible ténacié. Forte extensibilité. Mauvaise rétention gazeuse. Pâte qui gonfle peu. Mie moelleuse. (Type de produit : biscuit, sablé…)

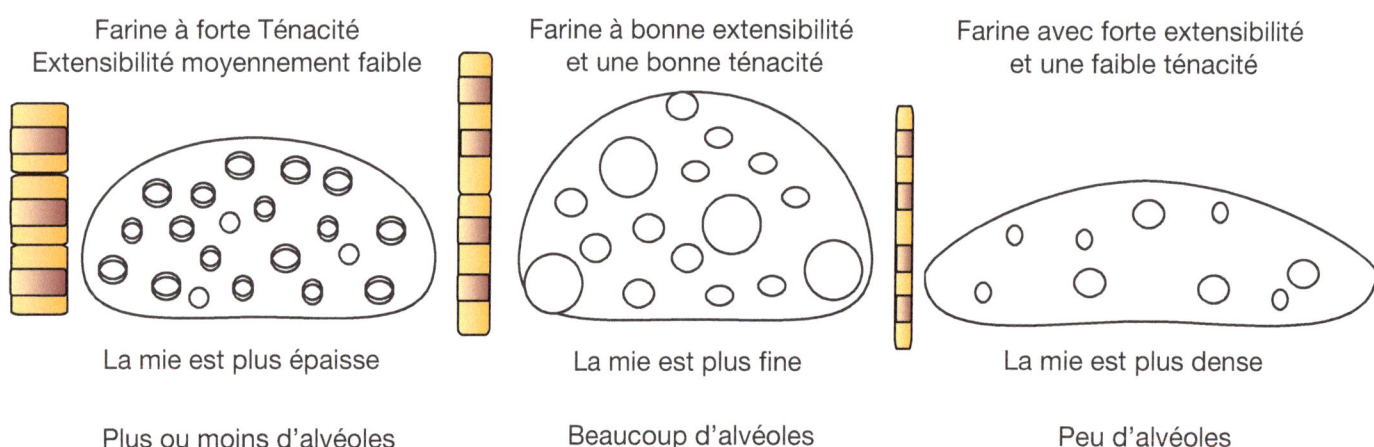

À la découverte de la farine

Pétrissage, fermentation, extensibilité et ténacité

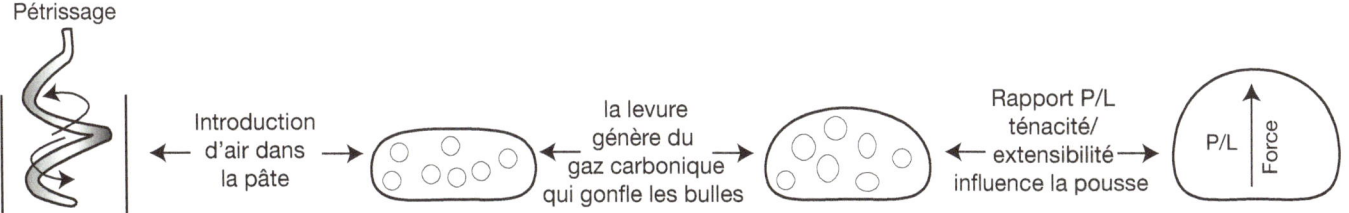

C'est au cours du pétrissage que la pâte génère des bulles d'air et les emmagasine. Cette capacité de générer des bulles d'air et de les conserver (rétention gazeuse) dépend de la viscosité de la pâte. Une pâte liquide peut générer des bulles d'air mais n'est pas capable de les maintenir. La plupart des pâtes, quelque soit le type de farine, est capable de générer des bulles d'air et de les conserver en plus ou moins grand nombre.

La viscosité du mélange eau farine dépend de la ténacité de la farine. De ce fait, contrairement à ce qui se dit, lorsque la ténacité est faible, il faut travailler davantage la pâte afin de maintenir les bulles d'air générées au cours du pétrissage. Cependant, il ne faut pas perdre de vue que le rapport ténacité et extensibilité exerce son influence. En effet, l'extensibilité amoindrie la viscosité et donne plus de fluidité. Cette fluidité permet à la pâte de se lisser rapidement, mais peu diminuer la capacité d'emmagasiner de l'air.

Dans le cas d'un pain, on ne souhaite surtout pas obtenir des bulles uniformes et en trop grand nombre au risque d'avoir une texture de mie plus ou moins dense avec de petites alvéoles.

Contrairement à ce que l'on croit une longue durée de pétrissage même à vitesse lente donne des bulles un peu plus petites et plus serrées qu'un court pétrissage qui se ferait rapidement. De hautes vitesses de pétrissage pendant un temps soutenu donne de petites bulles serrées les unes contre les autres.

L'ajout de sucre en quantité plus ou moins importante ne permet pas d'emmagasiner suffisamment de bulles d'air et donne une texture dense voire collante. Dans les pâtes sucrées enrichies ce sont les oeufs qui vont agir comme agent de foisonnement et permettre une meilleure aération de la pâte.

À la découverte de la farine

Il faut comprendre que si un pétrissage long permet de développer l'extensibilité c'est dû au fait que la pâte ayant parfaitement imprégnée l'eau, le gluten va parfaitement se former et l'extensibilité autant que la ténacité vont s'exprimer de façon la plus optimale. Cependant, dès que les forces provoquées par la fermentation se mettent en mouvement, l'élasticité va très vite atteindre un pic et rendre la pâte plus ou moins tenace et/ou élastique en fonction du type de farine. C'est pourquoi bien souvent lorsqu'on réalise un pétrissage soutenu le temps de pointage est réduit et l'apprêt est allongé. De ce fait, l'idéal, pour avoir un pain de qualité, est d'avoir un court pétrissage voire très court pétrissage et laisser la fermentation agir ce qui va permettre d'avoir une mie plus aérée et un pain plus léger. Bien entendu le rapport Ténacité/extensibilité va influencer les durées de pointage et d'apprêt.

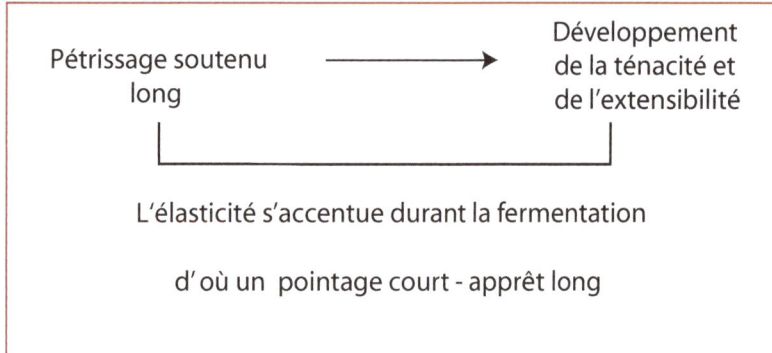

En artisanat

Frasage / Pétrissage très court → Gluten peu formé

Le gluten se développe durant la fermentation

d'où pointage plus important - appprêt plus court en fonction du rapport ténacité/exentisibilité

En industrie

Pétrissage soutenu long → Développement de la ténacité et de l'extensibilité

L'élasticité s'accentue durant la fermentation

d'où un pointage court - apprêt long

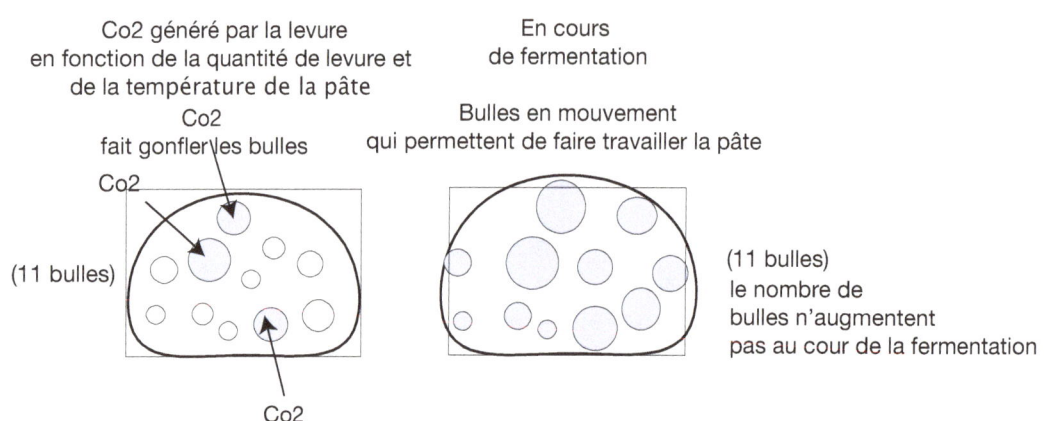

CO_2 généré par la levure en fonction de la quantité de levure et de la température de la pâte
CO_2 fait gonfler les bulles
CO_2
(11 bulles)

En cours de fermentation
Bulles en mouvement qui permettent de faire travailler la pâte
(11 bulles) le nombre de bulles n'augmentent pas au cour de la fermentation

Ce sont les bulles en mouvement qui font travailler la pâte
Celle ci prend du volume ou se relâche en fonction des forces en présence.

À la découverte de la farine

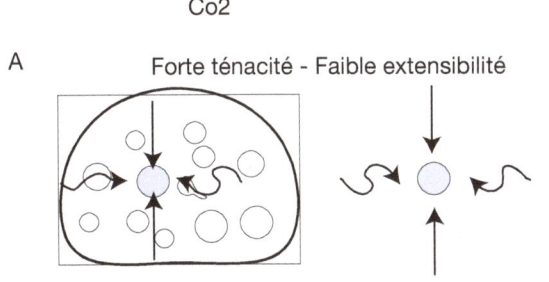

A La ténacité exerce une pression sur le gonflement et le mouvement des bulles d'air

- Bulles gonflent plus lentement
- Bulles se déplacent plus lentement
- Pointage plus court Apprêt plus long

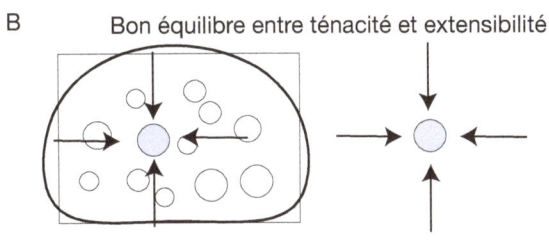

B La ténacité et l'extensibilité favorisent le déplacement des bulles d'air et leur gonflement avec plus de latitude

- Bulles gonflent plus rapidement
- Bulles se dispersent mieux dans la pâte
- Pointage plus long Apprêt plus court

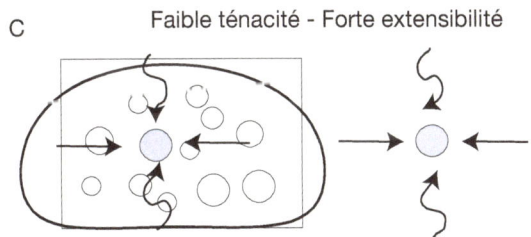

C Il manque de pression pour soulever la pâte. Elle s'étale.

- Bulles se remplissent d'air mais ne peuvent pas se dresser suffisamment.
- Bulles se dispersent lentement dans la pâte
  Pâte peu ou pas adaptée aux pâtes levées

La pâte A sera idéale pour des miches alors que la pâte B sera davantage adaptée à des baguettes ou à la viennoiserie. La pâte C conviendra mieux aux biscuits, sablés... La levure génère du CO2 qui gonfle les bulles d'air et cela produit du mouvement qui fait travailler la pâte et exerce des forces qui en fonction du type de farine peuvent générer de l'élasticité. L'élasticité sera plus forte avec une extensibilité forte et une bonne ténacité qu'avec une bonne ténacité et une faible extensibilité. En effet c'est un jeu d'étirement qui se produit. Plus la ténacité est importante, plus l'extensibilité est importante plus la pâte travaille et plus l'élasticité se développe. S'il y a moins d'extensibilité, la pâte travaille moins car la pression exercée par la ténacité ne lui suffit pas à se soulever car le levier de l'extensibilité n'est pas assez puissant. De même si l'extensibilité est trop forte et la ténacité faible la pâte va se soulever pour s'écraser et donc va davantage s'étaler.

À la découverte de la farine

La température de la pâte en son coeur prise au thermomètre devrait être de 23°C chaque degré supplémentaire raccourcira le temps du pointage puisque plus la température est élevée plus la pâte génère du CO2 plus la pâte travaille

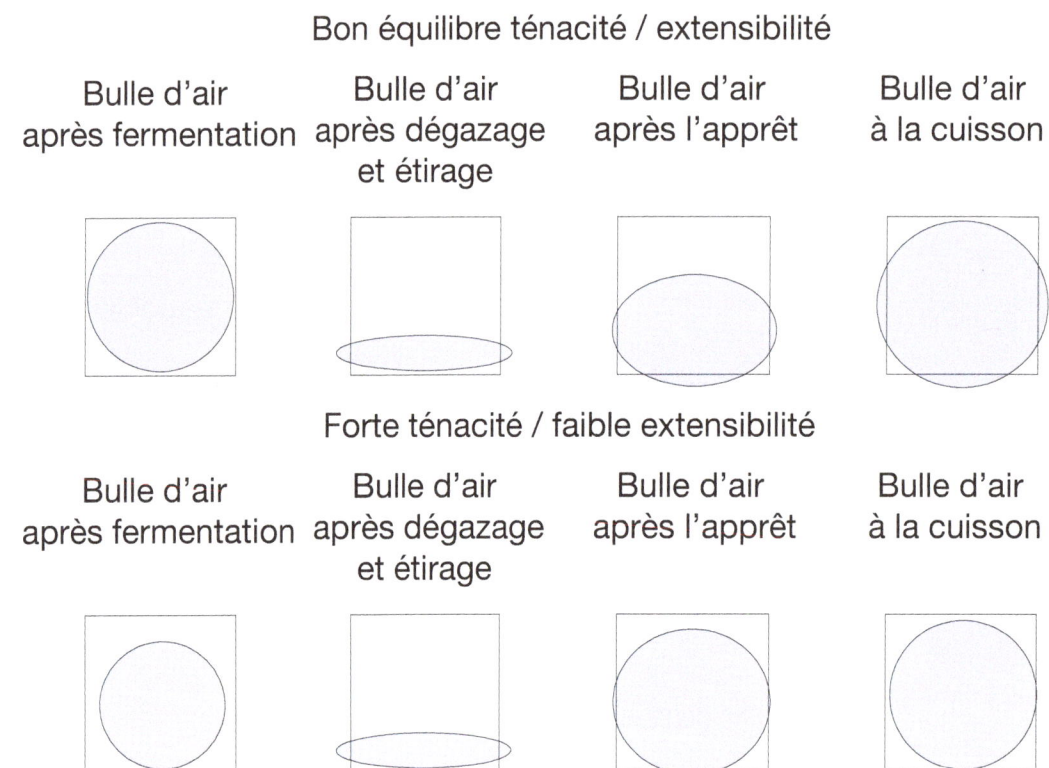

À la découverte de la farine

Au cours de la période de pointage en masse –dans laquelle il ne devrait pas avoir plus d'un rabat pour favoriser pleinement l'extensibilité et éviter au maximum le travail de la pâte– les bulles ne sont pas bien réparties et sont de tailles inégales. Ensuite, la pâte est découpée et légèrement dégazée. C'est-à-dire la pâte est aplatie avec les mains pour répartir les bulles d'air ce qu'on appelle en anglais "texturer". Ceci permet une meilleure répartition des bulles d'air et diminue leur volume. Ce pourquoi pour les baguettes, il est préférable d'aller le plus légèrement possible particulièrement si l'apprêt est court et que le pointage n'a pas été suffisamment long ou que l'extensibilité n'était pas suffisante. Plus on serre, plus on tasse les bulles et plus on les condense, plus l'apprêt doit être long avec le risque d'avoir une mie plus compacte d'autant plus si la pâte a eu un très long pointage. Ce phénomène s'explique par le fait qu'une pâte serrée donne moins d'espace aux bulles pour se mouvoir dans la pâte. Plus les bulles vont grossir plus elles vont se tasser les unes contre les autres pour finir par s'écraser comme sur les parois d'un mur.

Ce phénomène ne se produit pas ou peu si le pointage a été plus court et que l'apprêt a été plus long. Tout est une question d'équilibre des forces. Si l'élasticité ne s'est pas trop développée ce phénomène ne se produit pas et l'apprêt peut être prolongé.

Si l'apprêt est court les bulles gonflent légèrement et prennent leur place. C'est à la cuisson qu'ils vont grossir davantage et prendre du volume grâce à la vapeur. Les pains seront alors fortement alvéolés. Dans le cas d'un apprêt court, si le pain est emmitouflé dans un linge et bien serré, le volume sera plus important du fait que les bulles se concentrent dans un espace restreint et en gonflant la pâte ne s'étale pas. Bien que dans la pratique de la boulangerie cette opération ne pourrait se faire vu la quantité de pain à réaliser dans une boulangerie, cette méthode à l'avantage d'éviter de serrer les pâtons et d'obtenir un excellent résultat. De ce fait, il serait intéressant de développer des racks avec des couches, dont les pièces de bois seraient ajustables pour serrer les pains qui poussent.

Cependant, ne perdez pas de vue que le choix de la farine va avoir une influence sur le rapport pointage/apprêt mais aussi sur la quantité de levure et la température de fermentation. La fermentation est un jeu de mouvement qui dépend des forces en présence, ténacité/extensibilité, qu'il est essentiel de tenir en compte pour adapter son schéma de travail. A titre d'exemple, une farine peu extensible méritera un plus long apprêt avec un pointage en masse légèrement raccourci. Si l'on ne souhaite pas modifier son temps de pointage, il est possible d'augmenter légèrement la quantité de levure.

À la découverte de la farine

Un pain adéquatement aéré dépend en partie de la conduite de la fermentation et d'autre part de la cuisson adéquate dans un four à sole. Il n'est pas nécessaire de sur-hydrater la pâte ou d'avoir des pâtes douces pour avoir d'abondantes alvéoles si on adapte son processus en fonction de sa farine.
Bien comprendre la physique des pâtes permet d'avoir un bon contrôle sur la qualité de nos produits.

La particularité des pâtes levées sucrées dites viennoises

La durée du pétrissage des pâtes levées dépend principalement de la quantité de sucre et de beurre. L'un comme l'autre diminue de façon conséquente la ténacité et augmente l'extensibilité ce qui oblige de travailler davantage la pâte. Dans le cas d'une pâte ou la quantité de sucre et de beurre ne dépasse pas 5%, il est souhaitable de ne pas trop travailler la pâte d'autant plus si la ténacité est forte au risque d'avoir une mie caoutchouteuse et de connaître une certaine résistance lors du pointage.

Il ne faut pas perdre de vue que tous les ingrédients que l'on ajoute à une pâte influencent la rhéologie de la farine et modifient la courbe alvéographique

   Le sel augmente la ténacité diminue l'extensibilité

   Le sucre, le beurre, le malt augmentent l'extensibilité et diminuent la ténacité

   De fortes hydratations augmentent l'extensibilité et diminuent la ténacité.

   Le blanc d'oeuf renforce la structure de la pâte et agirait positivement sur la ténacité contrairement aux jaunes d'oeufs.

De ce fait, une farine à forte ténacité et à extensibilité moyenne est dans une certaine mesure rééquilibrée ou déséquilibrée par l'ajout de beurre, de sucre, de malt ou de sel. Ainsi l'élasticité peut perdre de sa vigueur. C'est d'ailleurs la raison pour laquelle pour les pâtes de type brioche, panettone, baba on choisit des farines fortes mais tout en maintenant un bon équilibre ténacité / extensibilité. Même si l'extensibilité peut connaître une augmentation du fait des ingrédients présents, il ne faut pas perdre de vue comme je l'ai déjà expliqué que ces pâtes levées sucrées sont avant tout des

À la découverte de la farine

gâteaux ce qui signifie que l'on a besoin d'une très grande extensibilité qui ne peut être obtenue qu'avec l'apport – principalement– de beurre et de sucre. Comme c'est un produit levé, il faut qu'il y ait suffisamment de ténacité pour soutenir l'édifice d'autant plus que la ténacité sera diminuée par l'apport du beurre et du sucre.

Je prends l'exemple d'une farine que j'ai souvent cité dont le P est de 95 le L de 143 et le W de près de 500 P/L 0.66. Cette farine va vous donner des produits tellement volumineux que vous en seriez surpris. Ce qui se produit c'est que ce type de farine peut prendre beaucoup de beurre, de sucre et supporter une forte hydratation. De ce fait, le P peut descendre jusqu'à 80 et le L monter jusqu'à 155.

Ne perdons pas de vue que même avec des farines fortes, comme il en existe en Italie pour le panettone avec un P/L de 0.4 de 0.5 ou de 0.6 avec un W important, ne vont pas se comporter de la même manière. La pâte avec P/L 0.4 pourrait donner un produit avec moins de consistance. C'est la raison pour laquelle dans beaucoup de recettes de panettone la quantité d'eau à ajouter est définie sous forme d'intervalle car cela peut varier selon la farine. C'est pourquoi, il est important de connaître le P et le L de sa farine pour voir anticiper le résultat au plus près et si nécessaire ajuster sa recette.

Bien comprendre la farine est un atout qui vous permet d'adapter votre travail quelque soit la farine disponible. Il suffit de s'ajuster. C'est la raison pour laquelle, il est important de développer une bonne relation avec son meunier et lui spécifier les paramètres que l'on recherche pour avoir un produit le plus proche de notre réalité.

En pâtisserie autant qu'en boulangerie la farine joue un rôle important. Il est donc nécessaire d'y porter une grande attention.

Méthode de réalisation

En pâtisserie, il existe différentes méthodes de réalisation attribuées à différents types de pâte. Les règles veulent que chacune des pâtes suivent scrupuleusement les méthodes qui leur sont attribuées pour obtenir le résultat escompté. Ce précepte est partiellement exact puisqu'il est possible de réaliser la brioche de plus d'une façon et d'obtenir d'excellents résultats. D'ailleurs, le pâtissier Paul Seurre, gendre du célèbre pâtissier Pierre Lacam, l'explique fort bien dans son livre datant de 1934. Nos contemporains montrent parfois une rigidité en porte à faux avec une époque qui devrait inviter à l'innovation alors que les pâtissiers d'hier, malgré le conservatisme de l'époque, osaient se démarquer en adaptant la méthode qui leur convenait au-delà des règles prescrites. Quel paradoxe !

Cela étant dit, pour ce livre nous vous proposons deux méthodes, celle de l'émulsion et celle du sablage, qui s'appliquent à toutes les pâtes présentes dans le livre.

Il existe, pour toutes les pâtes, un principe fondamental celui de stabiliser le beurre soit par une émulsion soit en le mélangeant à la farine. Attention si l'émulsion est intimement mélangée à la farine ou que celle-ci est trop sablée, la texture risque d'être profondément modifiée. De ce fait, le sablage doit se faire partiellement avant l'ajout des liquides. Éviter de mettre le beurre fondu en fin d'une préparation ou de le mélanger à la farine. Dans un cas le beurre sera instable dans l'autre cas la farine ne pourra pas absorber suffisamment l'eau. Le produit sera très friable. Les pâtes sont un assemblage complexe dont chaque ingrédient a un rôle à jouer afin d'obtenir une certaine cohésion au sein de la préparation. Comprendre comment chacun des ingrédients agit et leur interaction permet de définir vos propres procédés de fabrication.

Méthode de réalisation

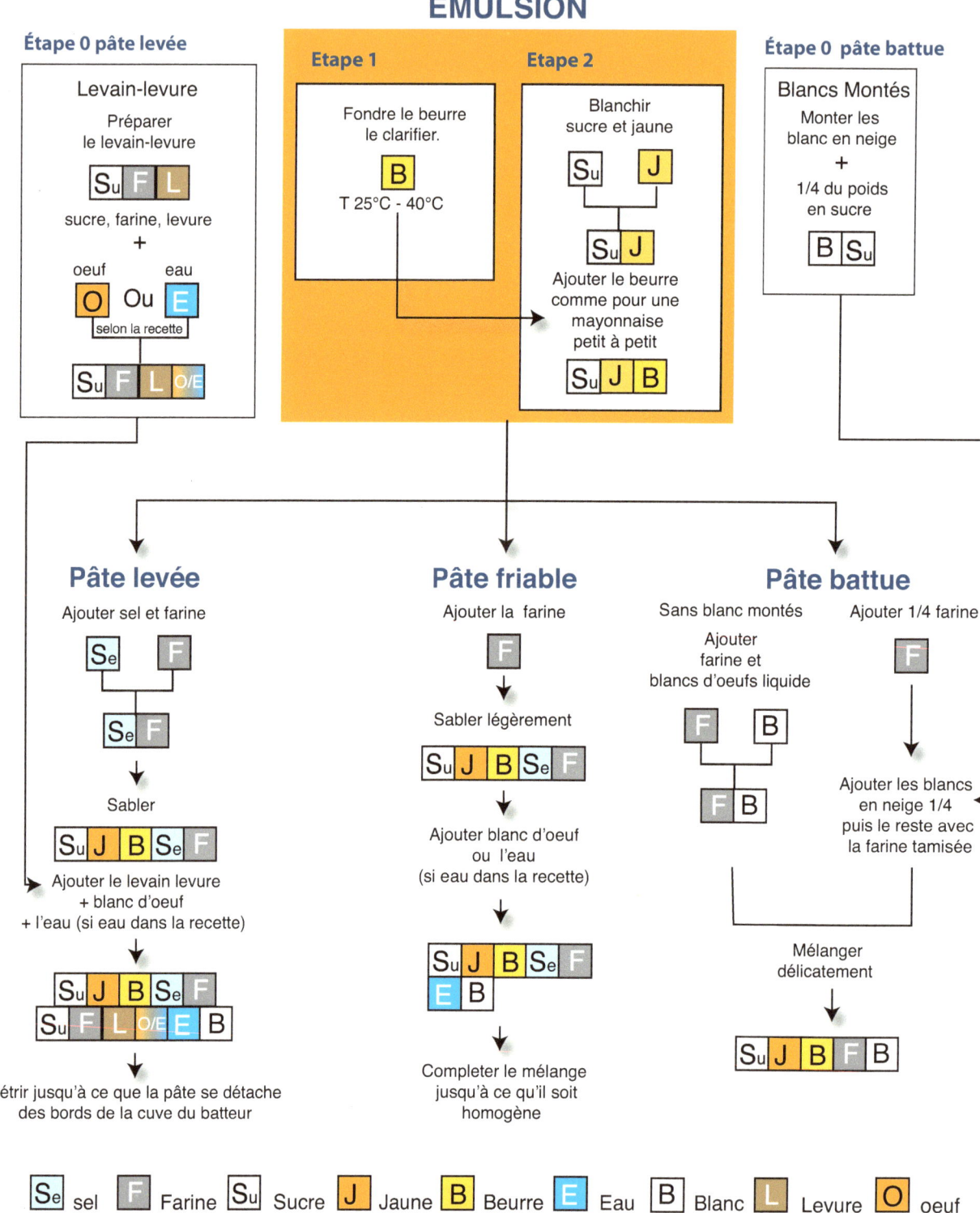

Méthode de réalisation

L'émulsion

Cette méthode, baptisée l'émulsion, fut mise au point en 2008 par Berry Farah après avoir compris toute l'importance de l'émulsion dans les pâtes pâtissières. Cette émulsion est en fait plus complexe qu'une simple émulsion vous référer au livre "*La pâtisserie du XXIe siècle, les nouvelles bases*".

Le principe est simple. Il suffit de monter les jaunes d'oeufs et le sucre jusqu'à que le mélange blanchisse et soit bien crémeux.

Pendant ce temps, faire fondre le beurre ou utiliser du beurre clarifié. N'oubliez pas que lorsque vous utilisez le beurre clarifié, il est nécessaire de rajouter un peu d'eau. Pour 100g de beurre clarifié 20g à 22g d'eau. La température du beurre dépend de la température de vos oeufs, mais aussi du résultat que l'on souhaite obtenir : fluide ou crémeux. La température varie le plus souvent entre 25°C et 40°C voire au-delà. Ce beurre est ajouté petit à petit à la préparation jaunes et sucre pour former un mélange plus ou moins crémeux. La durée du mélange va influencer la texture. Si le mélange est prolongé dans le temps, la préparation pourrait durcir. Une préparation plus fluide peut se conserver mieux au réfrigérateur. Elle ne se solidifiera pas du moins lorsque le sucre est en quantité suffisante. Un mélange fluide favorise aussi une meilleure intégration des autres ingrédients.

Une fois l'émulsion réalisée, il suffit d'ajouter la farine, ou une partie de la farine, et mélanger plus ou moins en fonction des types de pâtes se référer au schéma ci-contre. Pour des pâtes levées ou des pâtes battues, le mélange est rapide. Il est possible aussi d'ajouter la farine et les liquides restants (eau, blancs d'oeufs, lait…) en même temps.

Ensuite vous pouvez passer au pétrissage ou au mélange pour obtenir une pâte homogène.

Méthode de réalisation

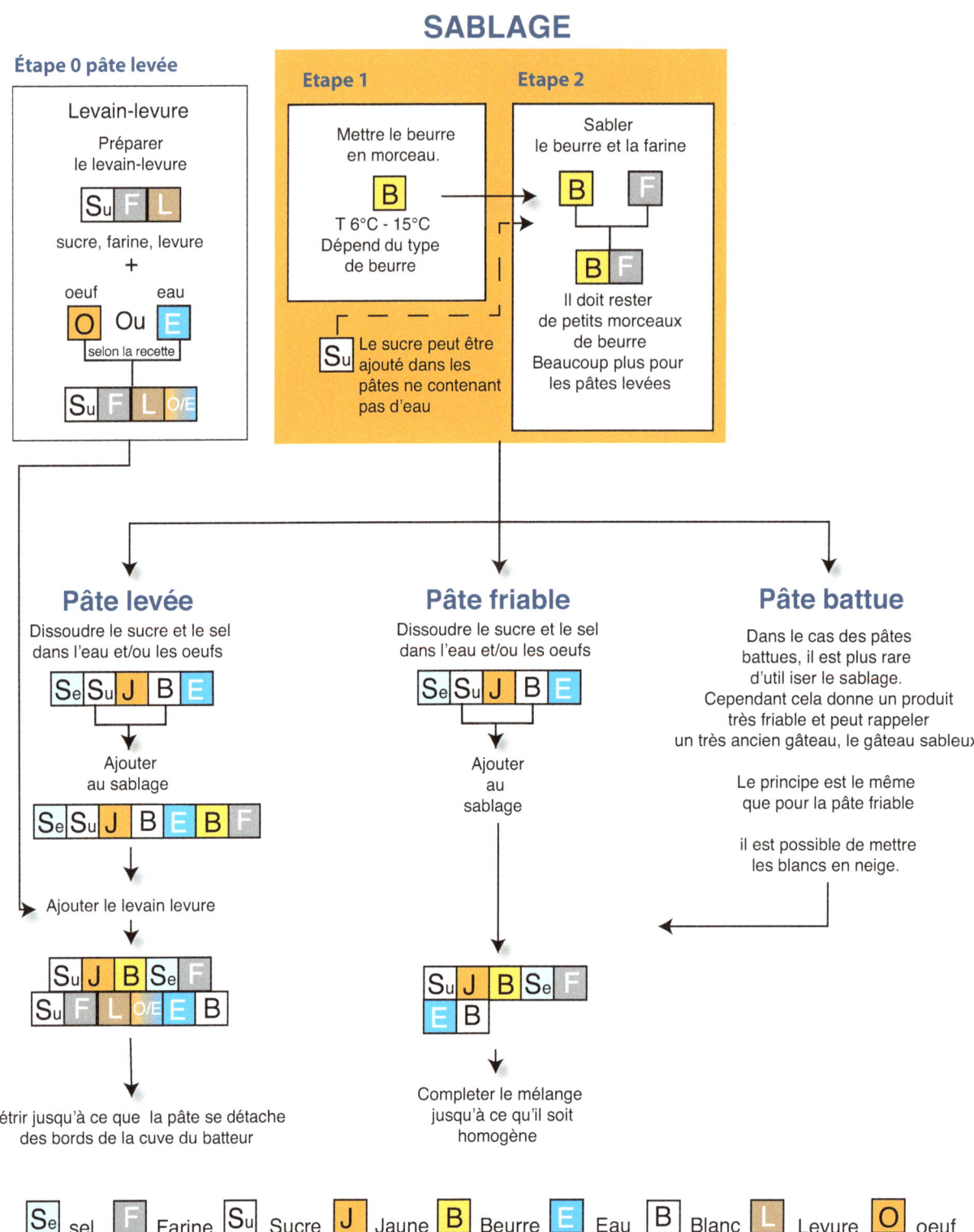

Méthode de réalisation

Sablage

La méthode du sablage est la méthode la plus connue pour la réalisation des pâtes sablées. Elle a la réputation d'offrir une pâte friable. Cependant, personne n'a pensé que cette méthode pouvait s'appliquer aisément aux autres pâtes à condition de respecter la température du beurre (6°C à 14°C en fonction du type de beurre) et de ne pas trop sabler la pâte.

Ainsi la pâte à brioche ou même la pâte a cake peuvent se réaliser en partant sur le principe du sablage tout en s'assurant de dissoudre le sucre semoule dans l'eau et/ou les oeufs avant d'incorporer le mélange au sablage.

En industrie, la méthode du sablage, dont le beurre est davantage crémé, est utilisé pour la réalisation de certains types de cake. Cette méthode est reconnue pour donner des produits plus moelleux.

Important : ne pas utiliser un beurre liquide ou de l'huile cela compromettrait les résultats. Cependant, si le beurre est ajouté liquide puis mélangé à la farine, il est conseillé de n'utiliser la préparation que le lendemain. Dans ce cas, le résultat pourrait être meilleur, mais plus friable qu'avec un sablage classique. Il se peut que pour les pâtes levées, le résultat soit moins optimal.

Le beurre est une matière grasse polymorphe, ce qui signifie que ces acides gras ont tous des températures de fusion différentes ce qui a pour conséquence de donner des résultats différents en fonction de l'état du beurre avant la cuisson.

Le principe de la méthode du sablage se résume comme suit : sabler le beurre et la farine pour laisser plus ou moins des morceaux de beurre ajouter les liquides dans lequel le sucre et le sel ont été dissout mélanger ou pétrir. Ensuite ajouter si nécessaire le levain levure ou la levure dissoute dans l'eau tiède. Dans le cas de la levure instantanée l'ajouter à la farine.

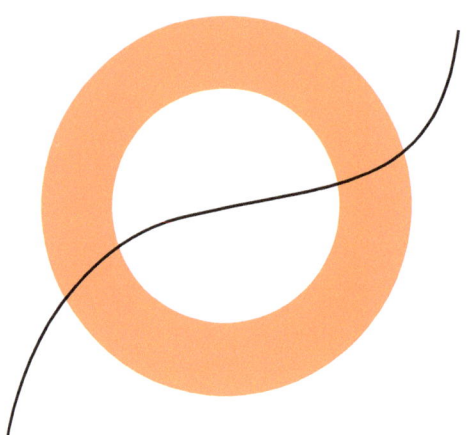

Sablé Breton et famille

Notre histoire

Le sablé breton est en fait la galette bretonne, les fameuses galettes de Pont-Aven appelées Traou Mad. Elles sont nées au début du XXe siècle comme beaucoup d'autres biscuits. Cette galette a rejoint la palette du pâtissier dans les années 1990 sous divers noms dont sablé breton ou palet breton et rarement biscuit breton qu'il ne faut pas confondre avec l'autre biscuit breton qui est une sorte de génoise aux amandes. En fait, le terme exact devrait être galette bretonne qui fut au XIXe siècle bien moins beurrée que celle réalisée de nos jours. De plus, la galette bretonne était parfois enrichie de raisins de Corinthe ou de fruits confits.

Les galettes sont à l'origine cassantes plutôt que fondantes, salées plutôt que sucrées. Elles se transformeront avec l'arrivée du sablé à la fin du XIXe siècle au point que les deux produits finiront par se confondre. A cette même époque, la biscuiterie française naît et l'on voit apparaître des biscuits secs comme le Lu de Lefèvre et Utile qui s'apparentent davantage aux biscuits anglais.

Au début du XXe siècle, ces sablés et ces galettes prennent plus de place qu'ils n'avaient à la fin du XIXe siècle. Le five o'clock tea, qui deviendra le goûter, en est sûrement la cause. De plus, ce sont des produits faciles à manger. Si c'est l'artisanat qui a lancé ces produits, c'est l'industrie qui va s'en accaparer et inonder le marché dès les années 1900. Aujourd'hui, peu de pâtissiers ont conservé cette tradition.

Sablé Breton et famille

Quant à l'industrie, malgré l'effort de certaines maisons, la qualité de leurs produits n'est pas toujours à la hauteur de la délicatesse de ces merveilles qu'il est temps de redécouvrir.

Ces produits se distinguent les uns des autres par leur texture. La plupart ont une base commune : la farine, le beurre, les oeufs, le lait ou la crème et le sucre. A l'origine, la galette est un produit qui peut rappeler une pâte brisée. Pour sa part, le sablé est un produit très friable plus ou moins sucré et riche en beurre. Les différences se jouent dans la quantité d'eau et de sucre. La galette est plus riche en eau et moins riche en sucre et inversement pour le sablé. Quant au biscuit à l'anglaise, il se rapproche de la galette avec moins de beurre comme le petit beurre.

Vous comprenez dès lors que le pâtissier ou le biscuitier peut inventer un tas de produits en se basant sur le principe suivant : le sucre et l'eau donnent des produits cassant, le beurre des produits friables à condition qu'il soit en quantité suffisante plus de 50% du poids de la farine, les oeufs des produits friables et plus ou moins moelleux lorsqu'il s'agit de jaunes d'oeufs et cassants voire durs, avec des blancs d'oeufs. De ce fait, toutes les combinaisons peuvent être imaginées.

Bref Historique

À l'origine, le biscuit est appelé pain biscuit du fait que c'est un pain qui est cuit deux fois. Le produit est réalisé à partir de farine et d'eau et il est destiné au marin (Réf: L'agriculture et maison rustique de Charles Etienne 1653). Lorsque ce produit est réalisé en grand format, il prend le nom de galette comme le mentionne Jean-Baptiste-Philibert Willaumez dans le dictionnaire de marine de 1825.

Galette : on donne ce nom au pain biscuit, à cause de sa forme plate, ronde ou carrée. Chaque galette pèse six onces et fait la portion d'un matelot pour un repas ...

Ce pain biscuit se verra transformé en un produit plus riche comme cela se fait souvent à l'époque. Cette enrichissement par des oeufs et du sucre a du se produire pour la première fois en Espagne probablement dans la ville d'Estremadura. Plus tard, il devient en Italie le Pain d'Espagne qui donnera naissance au biscuit de Savoie qui est à l'origine un biscuit en forme de bâtonnet cuit deux fois (Réf: Restauration historique des bases de la pâtisserie française de Berry Farah). C'est pour cette raison que le mot pain est associé encore aujourd'hui à certains produits cassants ou même à certains biscuits.

Sablé Breton et famille

Pour sa part la galette sera enrichie de beurre et de sel parfois d'oeuf ou de crème et pourrait être à l'origine des pâtes brisées et à foncer. Ces galettes seront présentes dans les livres de la fin du XVIIIe siècle jusqu'au milieu du XIXe siècle avant de s'apparenter de plus en plus au sablé qui est en fait un dérivé à la différence que la pâte à sablé est moins hydratée.

La belle couleur dorée de ces produits, que cela soit des sablés ou des galettes, est due à une couche de lait ou de crème étalée sur le produit avant sa mise au four. Le sablé ne doit pas être blanc et triste ou d'une couleur trop ambrée.

Beaucoup de ces produits contiennent de la poudre à lever appelée, en France, levure chimique. Elle est connue aussi sous le nom anglais de baking powder et traduit au Québec sous le nom de poudre à pâte.

Cet ingrédient qui est récent dans la pâtisserie française, fin du XIXe siècle, est utile pour apporter un aspect plus feuilleté et faire gonfler dans certains cas le produit. Il faut rappeler que tout au long du XIXe siècle et jusqu'avant la guerre de 1939-1945 la farine utilisée en pâtisserie est une farine dite de gruau riche en protéines et extensible. Ces farines ne permettent pas d'obtenir des produits aérés et peuvent donner un aspect compact au produit. Ceci explique les raisons de l'utilisation de poudre à lever mais aussi de la grande quantité de beurre présente dans les recettes. De nos jours il existe des farines dites de blé biscuitier ou de blé dont le grain est mou (farine à pâtisserie Québec, pays anglo-saxons et l'Italie) qui permettent d'obtenir un sablé friable, aéré et léger avec des quantités de beurre moindre et

Sablé Breton et famille

sans nécessité de poudre à lever. Ce sont les farines, le plus souvent, utilisées dans l'industrie ce qui explique les raisons pour lesquelles le beurre ne dépasse jamais dans les recettes industrielles, tels que le traou mad ou le shortbread anglais, plus de 60% du poids de la farine alors qu'avec une farine de gruau il en faudrait 70% à 75%;

Le sablé breton de nos pâtissiers varie d'une maison à l'autre. Parfois trop sucré ou trop salé, comme sont souvent les sablés français; Ils finissent par perdre de leur élégance. Le sel doit être mis avec parcimonie. Il doit mettre en évidence les autres saveurs et non les dissimuler. D'ailleurs, la quantité de beurre et d'eau influence la quantité de sucre et de sel.

Quant aux amandes, leur ajout dans les sablés ou les pâtes sucrées est d'origine viennoise. Elles apportent de la légèreté et du goût lorsqu'elles sont présentes en quantité raisonnable. Cette friabilité apportée par les amandes peut être aussi obtenue par la fécule de riz ou encore de la semoule de blé. La fécule de pomme de terre n'a pas cette qualité. Elle permet d'abaisser le taux de protéines des farines et rendre la pâte plus légère et dans une certaine mesure plus friable mais de manière différente que les produits cités plus haut. Cette différence est dû à la granulométrie des fécules. La friabilité s'obtient soit avec une granulomètrie très fine comme la fécule de riz, soit plus grosse comme la semoule, les amandes en poudres ou à la rigueur la farine de riz granuleuse.

Les sablés et les galettes ont été adaptées ou mises au point en tenant compte des dernières avancées en technologie biscuitière. Ces recettes de référence vous aideront à mieux comprendre comment les ingrédients interagissent entre eux afin que demain vous puissiez créer vos propres recettes.

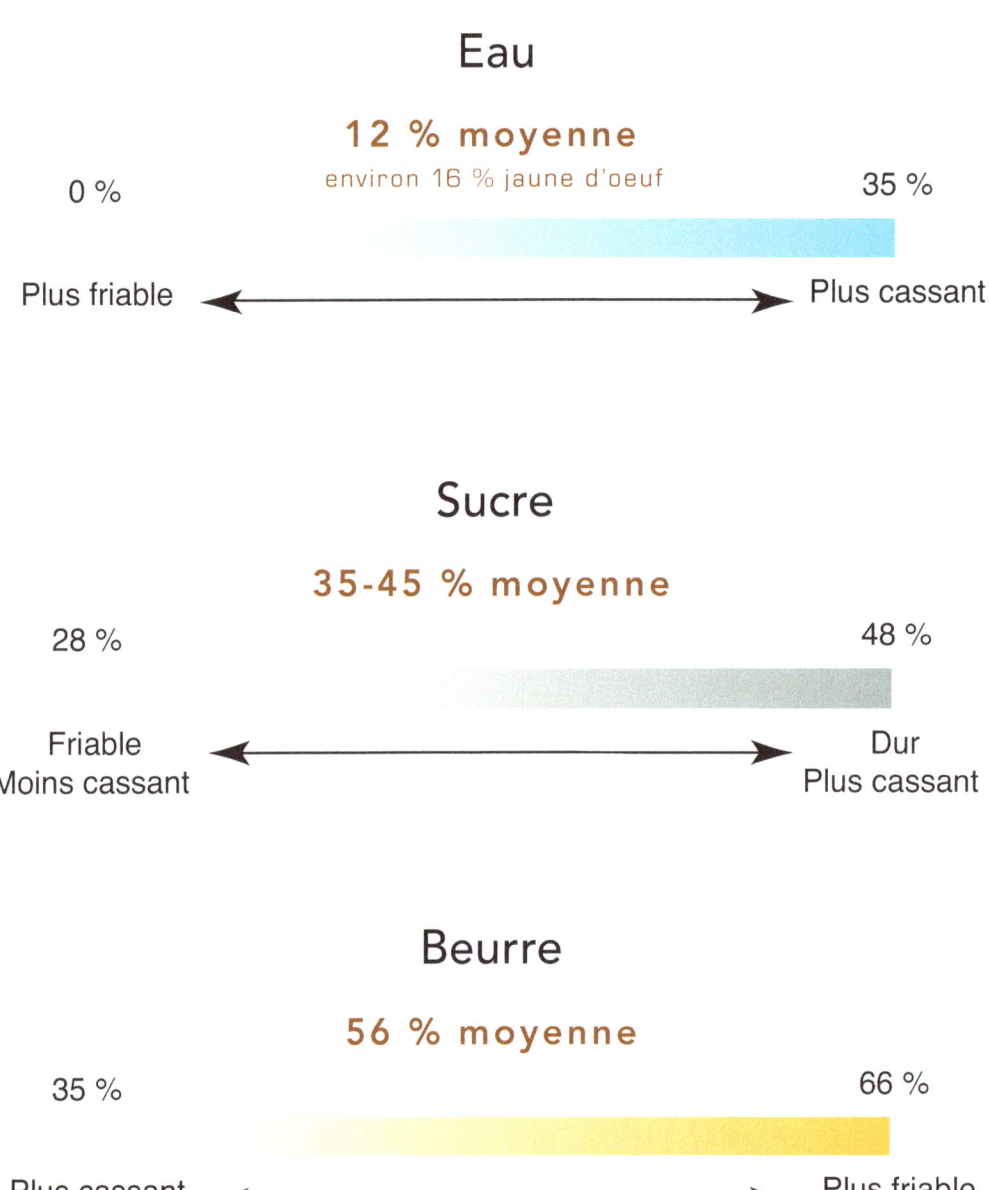

Sablé Breton et famille

FARINE

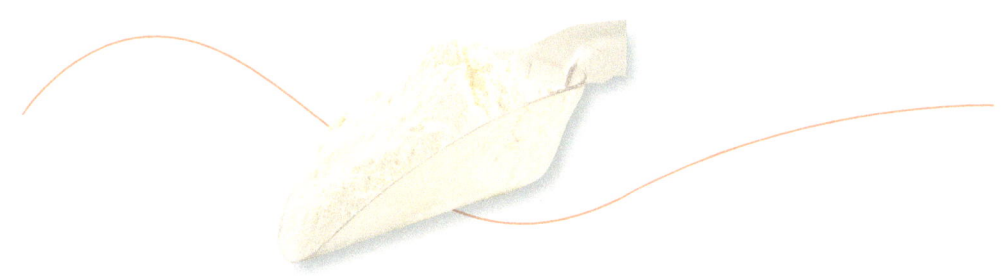

Il est préférable de choisir une farine faible en protéines avec une fine granulométrie. En Amérique du Nord, en Italie et dans les pays anglo-saxons, il existe une farine dite à pâtisserie dédiée aux sablés et aux pâtes sucrées. En France, il s'agit de la farine biscuitière. Dans le cas de produit peu sucré ou salé, l'utilisation d'une farine un peu plus riche en protéines est conseillée. En l'absence de cette farine vous pouvez prendre une farine standard et remplacer 10% à 20% de la farine par de la fécule de riz, ou de la farine de riz non granuleuse.

Texture friable

Remplacer 10% ou 20% de farine par :

10% à 20% d'amidon de pomme de terre

Texture plus friable, sableuse

Remplacer 10% ou 20% de farine par :

10% à 20% de farine de riz ou d'amidon de riz

10% à 20% de semoule de blé.

10% à 20% d'amandes en poudre, de noisettes ou pistaches en poudre

Sablé Breton et famille

LIQUIDE

Les liquides peuvent être de l'eau, des oeufs, du lait ou de la crème.

- **Le jaune d'oeuf** apporte du moelleux et de la friabilité. Il densifie la texture du sablé ou de la pâte sucrée particulièrement lorsqu'il est combiné avec d'autres liquides ou qu'il est présent en grande quantité.

-**Le blanc d'oeuf** renforce la dureté du produit. Il assèche la texture.

-**Le lait et la crème** apportent de la saveur et de la matière grasse particulièrement la crème qui permet de favoriser le fondant du produit.

La quantité de liquide est généralement faible et plus faible encore en présence d'une grande quantité de beurre. La notion de grande quantité varie en fonction du type de farine. Ainsi avec une farine dédiée aux pâtes sablées une grande quantité peut signifier 60% du poids de la farine alors qu'avec une farine courante le montant pourrait être de 70% voire davantage.

Seuls les petits beurre et les cookies américains nécessitent davantage d'être hydratés.

Sablé Breton et famille

L'hydratation moyenne est de 12% à 15%. Le type de produit et le type de farine peuvent faire varier ce pourcentage davantage à la baisse qu'à la hausse.

Dans le cas de produits salés la quantité d'eau peut atteindre 50% du poids de la farine. Cependant, il est possible de réaliser des pâtes brisées qui ressemblent à la texture d'un sablé ou d'une pâte sucrée en diminuant la quantité d'eau à 25% du poids de la farine.

À noter : 12 % d'eau vaut 24% de jaunes. Cependant, les jaunes d'oeufs diminuent la capacité d'absorption de la farine. Il faut donc diminuer la quantité des jaunes d'oeufs pour avoir une texture adéquate. Il serait possible au lieu d'ajouter un oeuf, d'ajouter un jaune et 1/2 blanc.

Eau	25%	12%	6%	3%
Oeufs	33%	16%	8%	4%
Jaunes d'oeufs	31%	15%	7.5%	4%
Lait 3.5 % - 3.25%	28%	14%	7%	3.5%
Crème 35%	42%	20%	13%	6.5%

Eau	25%	12%	6%	3%
1/2 blanc (B)	28% B	13.5% B	7% B	3% B
1 jaune (J)	12% J	6% J	3% J	1.5 J

Sablé Breton et famille

BEURRE

Le beurre apporte de la saveur et favorise la friabilité des produits. Le beurre peut être dur ou plus ou moins mou. Si c'est un beurre d'hiver (dur) ou d'été (plus mou, plus goûteux). Le beurre utilisé par les pâtissiers peut être un beurre fractionné. C'est un beurre dont on a modifié les acides gras afin de favoriser les acides gras dont le point de fusion est le plus élevé. De ce fait, le beurre reste plus dur à température ambiante.

Dans certains pays comme le Canada ou les États-Unis le beurre contient plus d'eau et donc moins de matière grasse. Le beurre contient 80% de matière grasse et 18% d'eau alors qu'en France le beurre contient 82% de matière grasse et 16% d'eau.

Les beurres plus durs doivent être utilisés à une température proche de 14°C et les beurres les plus mous à une température de 4°C à 6°C.

En fonction du type de farine, la quantité de beurre peut être plus ou moins importante. Plus la farine est forte en protéines plus il faut augmenter la quantité de beurre. Une farine faible en protéines nécessite moins de beurre. Dans les livres du XIXe siècle où la farine utilisée est souvent une farine forte, les quantités de beurre peuvent atteindre 75% du poids de la farine alors qu'avec une farine faible en protéines de type farine biscuitière (farine à pâtisserie) il ne faudrait que 60% à 66% de beurre du poids de la farine.

Sablé Breton et famille

Le beurre est en relation avec les autres ingrédients. Plus de beurre moins d'eau principalement avec des pâtes sucrées. Plus de beurre possibilité d'augmenter le sucre.

Repères pour farine plus ou moins forte.

-**Beurre supérieur à 70%** du poids de la farine entre 0% et 3% d'eau **par rapport au poids de la farine**

-**Beurre compris entre 60% et 70%** du poids de la farine entre 3% et 8% d'eau

-**Beurre compris entre 56% et 60%** du poids de la farine liquide entre 12% et 8% d'eau **par rapport au poids de la farine**

-**Beurre inférieur à 56%** du poids de la farine eau supérieure à 15% **par rapport au poids de la farine**

Les pourcentages peuvent varier de plus ou moins 1% selon si le beurre est plus ou moins riche en eau

Pour les farines faibles en protéines la quantité de liquide est généralement faible et souvent il n'y a pas de liquide ajouté.

Sablé Breton et famille

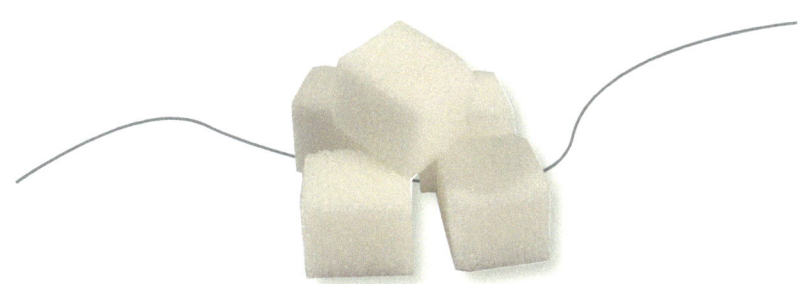

SUCRE

Il existe différents types de sucre :

- **le sucre glace**,
- **le sucre semoule**,
- **la cassonade appelée sucre brun au Québec**,
- **la vergoise blonde ou brune appelée cassonnade au Québec.**

Chacun de ces types confèrent des propriétés différentes au produit.

Le sucre glace apporte plus de moelleux que le sucre semoule mais moins que la vergoise.

La vergeoise est un sucre qui contient une certaine quantité de mélasse ce qui favorise le moelleux. La vergeoise est idéale pour les cookies moelleux (soft cookies)

Le sucre glace est le plus utilisé pour la réalisation des pâtes sablées ou sucrées. Pourtant ce n'est pas celui qu'il faut préférer. Le sucre semoule offre une meilleure texture à condition de bien le dissoudre dans le liquide qui va servir à la préparation. Il est possible de laisser reposer une heure au froid le liquide et le sucre pour

Sablé Breton et famille

s'assurer que l'eau ou les oeufs imprègnent bien le sucre et que celui-ci se dissolve suffisamment. Il est possible aussi d'en réaliser un sirop et le refroidir avant utilisation.

Plus un sucre est fin ou plus la quantité de sucre est grande plus le biscuit s'étale au four.

Plus le sucre est en grande quantité plus la pâte peut paraître molle lorsqu'on la travaille d'où la nécessité de la laisser reposer au réfrigérateur. C'est pourquoi avec 28% de sucre et 56% de beurre par rapport au poids de la farine, il n'est pas nécessaire de laisser reposer la pâte si tous les ingrédients sont bien froids. La pâte a une bonne tenue pour être travaillée immédiatement..

- **Texture cassante quantité de sucre plus importante**

- **Texture plus friable, sableuse quantité de sucre moins importante**

- **La texture générée par le sucre dépend de la quantité de beurre** .

    Ex : pour 56% de beurre par rapport au poids de la farine

    avec 48 % de sucre par rapport au poids de la farine : Texture cassante

    avec 28 % de sucre par rapport au poids de la farine : Texture sableuse

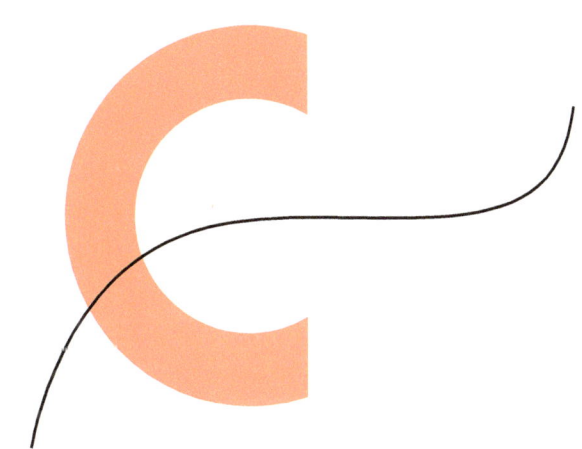

De la théorie à la pratique

Comme leur nom l'indique ce que nous attendons généralement des pâtes friables, c'est une pâte légère et friable, même si certaines pâtes sont plus cassantes que d'autres.

Pour obtenir, le résultat recherché, il est important de garder en mémoire les points suivants.

- Plus de sucre plus de dureté
- Plus de beurre et de jaunes d'oeufs plus de friabilité.
- Plus de jaunes d'oeufs plus de densité. Plus de blancs d'oeufs ou d'eau plus de dureté
- Plus de beurre moins de liquide.
- Plus de sucre plus de beurre.

Un bon sablé ou une belle pâte à tarte nécessitent des ingrédients adaptés à commencer par la farine et le beurre.

La Farine

France / Professionnel : Une farine biscuitière est essentielle. En fonction de la farine biscuitière, elle pourra être utilisée seule ou en remplaçant 20% de biscuitière par 20% de T45.

France / Grand Public : Il est généralement plus difficile de trouver la farine biscuitière dans le commerce, à moins d'avoir accès à des farines commerciales italiennes. Dans ce cas sur le paquet de farine, il sera indiqué farine pour biscuit. Vous pourriez même prendre celle destinée à la génoise. Autrement utiliser une farine régulière de type 55 auquel il faudra remplacer 20% de la farine par 20% d'amidon de préférence de riz autrement l'amidon de votre choix.

Québec / Professionnel : Une farine non blanchie, non traitée à pâtisserie est essentielle. Dans le cas du livre c'est la farine à pâtisserie Tulip de Robin Hood qui a été utilisée.

Québec / Grand Public : Malheureusement, il est difficile de trouver de la farine à pâtisserie, non blanchie et non traitée en petit format excepté en biologique. Cependant la farine à pâtisserie biologique n'est pas tout à fait blanche (le taux de cendre est plus élevée, c'est-à-dire plus de minéraux) ce qui peut avoir des conséquences sur la saveur et sur la texture.

A la rigueur vous pourriez utiliser de la farine tout usage en remplaçant 20% de farine par de la fécule de votre choix idéalement de la fécule de riz ou encore de la farine de riz non granuleuse.

Le beurre

France / Professionnel / Grand Public : L'idéal est d'utilisé un beurre AOC, d'été si possible, pour obtenir les meilleures qualités gustatives.

Pour les professionnels éviter les beurres à pâtisserie bien souvent ce sont des beurres fractionnés dont on a modifié le temps de fusion des acides gras ce qui a pour conséquence d'avoir une moins bonne palatabilité.

Québec / Professionnel / Grand Public : Qu'importe le beurre choisi l'important est de choisir un beurre de culture du fait qu'il n'existe pas de beurre artisanal de culture.

Dans tous les cas il est possible d'utiliser de l'huile de beurre.

Le sucre

Québec / Professionnel / Grand Public - France / Professionnel / Grand Public:

Choisir un sucre semoule fin voire extra fin

Galette bretonne

Pour la réalisation de la galette bretonne, il est préférable d'utiliser la méthode de l'émulsion (voir page 37)

Monter le sucre, les jaunes et le sel, ajouter le beurre fondu.

Mélanger la farine et la poudre à lever

Ajouter ce mélange à celui des jaunes.

Mélanger.

Ramasser à la corne ou à spatule

Mettre la pâte au froid jusqu'au lendemain.

Détailler les biscuits en leur conservant une certaine épaisseur

Cuisson 160°C - 320°F

Farine T45 Label rouge	**200 g**
Farine biscuitière	**50 g**
Sel	**2 g**
Sucre	**120 g**
Beurre	**160 g**
Jaunes d'oeufs	**60 g**
Poudre à lever	**2 g**

Commentaires :

Pour ce qui est du sel, il est préférable d'utiliser un sel ne contenant aucun agglomérant, ou autres minéraux ajoutés. Il est préférable d'utiliser un sel dont le taux de chlorure de sodium est plus près de 94% que 97%.

Le mot de Richard

Cette version peu riche en beurre (l'on ne peut pas dire faible en beurre) vous apportera un équilibre que ce soit sur son côté sablé ou son côté moelleux. Oui il existe une notion de moelleux dans la galette bretonne !

Peut être faible en sel pour certain mais assez pour d'autre.

Son développement au four est assez régulier sans retomber.

Le sel est de plus en plus montré du doigt par les organismes de santé publique et de nutrition. Qu'est-ce qui est bon ? Qu'est-ce qui est mauvais ? Le trop ou le pas assez.

Moi je prône le bon qui suscite le plaisir. Diffèrent ou commun tout est bon tant que ce n'est pas en excès.

Sablé au chocolat

Fondre les 15g de beurre avec les 10g de cacao et les 16g de sucre et le chocolat. Laisser reposer. Cela va donner une pâte de chocolat.

Mélanger la farine, les 35g de sucre semoule.

Ajouter le beurre coupé en petits morceaux.

Sabler.

Ajouter la pâte de chocolat et poursuivre le sablage.

Laisser reposer au froid au moins jusqu'au lendemain

Étaler la pâte et découper à l'emporte pièce les sablés.

Cuisson 160°C - 320°F

Farine Biscuitière	**125 g**
Beurre	**78 g**
Sucre	**35 g**
Chocolat	**16 g**
Cacao	**10 g**
Beurre	**15 g**
Sucre	**16 g**

Québec : farine à pâtisserie

Le mot de Richard

Dans ce sablé au chocolat l'équilibre est surprenant.

Encore une fois ceci n'est pas dû uniquement aux ingrédients mais aussi par son procédé de mélange. Ici la biscuitière permet d'accentuer le coté sablé. La dégustation se fait ainsi, une note de beurre en premier puis hop le chocolat fait du coude et passe devant et tel un saut à ski il prend un envol bien à lui. Puis, l'on finit par une petite touche d'arôme cacao poudre bien connu.

Pâte friable voire feuilletée, je l'ai rapidement adopté pour mes préparations . Avec un bon maintien de croustillant dans la durée il trouve sa place dans la famille des sablés-

Sablé aux amandes

Mélanger la farine, le sucre semoule et les amandes en poudre

Ajouter le beurre en petits morceaux et sabler jusqu'à que cela forme une pâte.

Laisser reposer 20mn au froid, si nécessaire.

Façonner les biscuits de façon très fine selon la forme désirée, car le biscuit s'étale au four.

Cuisson 160°C - 320°F

Farine T45 Label rouge	35 g
Farine biscuitière	140 g
Amandes en poudre	85 g
Beurre	145 g
Sucre	75 g

Québec : farine à pâtisserie

Commentaires :
En fonction du type de farine biscuitière, il est possible d'utiliser uniquement la farine biscuitière pour plus de friabilité

Le mot de Richard

Friabilité rapide à la première bouchée, légèrement sablé en fin de bouche, bon goût de beurre, très bon équilibre global.

Fragilité possible de la pâte.

Possibilité d'hydrater pour compenser, et pourquoi pas par une touche d'alcool.

Pâte à tarte

Dissoudre le sucre dans l'eau. Il est possible de chauffer légèrement le mélange et le laisser se refroidir.

Couper le beurre en petits morceaux et l'ajouter à la farine avec le sucre dissout dans l'eau.

Sabler le mélanger, jusqu'à que la pâte prenne forme

Laisser reposer 20mn au froid, si nécessaire, voire davantage en fonction de l'état de la pâte.

Façonner

Cuisson 160°C - 320°F

Farine Biscuitière 250 g

Sucre semoule 70 g

Beurre 140 g

Eau 30 g

Québec : farine à pâtisserie

Commentaires :
En fonction du type de farine biscuitière il est possible de combiner 80% de farine biscuitière avec 20% de T45 pour plus de tenue mais légèrement moins de friabilité.

Le mot de Richard

Beurre sucre, Beurre farine, Isoler le sucre, Isoler la farine, Crémer, Sabler. Qui à raison ? Qui a tord ? Pour moi la version crémée de cette recette donne un bon résultat. Le travail minimum de la masse pour ne pas faire interagir la gluténine et gliadine évitera le développement visco-élastique qui nous privera de tout coté sableux en favorisant le coté cassant.

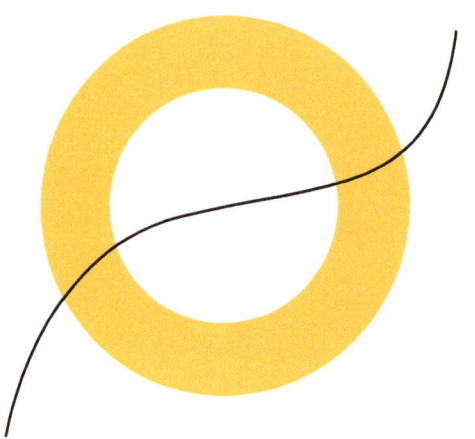

Biscuit de Savoie et famille

Notre histoire

Le biscuit de Savoie, devenu le gâteau de Savoie, fut à l'origine dressé comme le sont, de nos jours, les biscuits cuiller. D'abord cuit deux fois, puis une fois avant de devenir au XVIIIe siècle le gâteau de Savoie. C'est à cette époque que le biscuit prend la forme d'un gâteau et que la recette se bonifie pour devenir le produit que nous connaissons aujourd'hui. Il faut rappeler que la recette originale comptait le double de sucre que de farine avant que les pâtissiers ne modifient la quantité de sucre à cent trente pourcent du poids de la farine. C'est Jules Gouffé qui réintroduit la recette originale puisqu'il se rend compte que le sucre assèche la texture et bénificie au biscuit. En effet, en l'absence de beurre et dans le cas d'une quantité de sucre égale ou légèrement supérieure à la farine, la texture du biscuit de Savoie est particulière et pas toujours aussi agréable qu'on le prétend. Elle s'apprécie mieux sous la forme de biscuit cuiller. La grande quantité de sucre permet de corriger cet effet délétère. Malheureusement, Jules Gouffé ne sera pas suivi et cent trente pour cent du poids de la farine restera la norme avant d'être à nouveau abaissée au XXe siècle à cent vingt voire cent quinze pour cent du poids de la farine.

Au XIXe siècle, ce biscuit devient une référence et permet de construire un nombre considérable de variante dont un grand nombre disparaîtra dans les années 1970.

La confusion entre biscuit et gâteau de Savoie est toujours d'actualité.

Biscuit de Savoie et famille

Pourtant, selon la genèse du biscuit, le biscuit de Savoie désignerait le biscuit de type cuiller, plus exactement les biscuits savoyards vendu par l'industrie, et le gâteau de Savoie serait l'appareil moulé dans un moule à côte. Les biscuits savoyards vendus par les industriels (biscuit dur) correspondent à ce que fut à l'origine le biscuit de Savoie. Le gâteau de Savoie reste avant tout une spécialité qu'une base pour des entremets.

Dans les années 1970 la mode des gâteaux à étage, ressemblant au millefeuille comme le gâteau Opéra, fera naître un nouveau biscuit: le biscuit Joconde qui devient très vite un classique de la pâtisserie française. C'est un biscuit aux amandes toujours très utilisé par les pâtissiers. D'autres pâtissiers préfereront renouer avec une tradition datant de la fin du XIXe siècle et utiliser en lieu et place du biscuit Joconde une base de biscuit meringué de type dacquoise ou russe. En effet, au XIXe siècle, Urbain Dubois présente dans la pâtisserie d'aujourd'hui un gâteau appelé "Mille-Feuille aux avelines" dont la base s'apparente à une dacquoise ou à un progrès garnie comme le fut le millefeuille à l'époque de frangipane (crème pâtissière) et de gelée de fruit. Le joconde, le russe ou la dacquoise connaissent un grand succès dans les années 1990 avec l'arrivée des nouveaux entremets à base de mousse. À cette même époque, on introduit une version du biscuit au chocolat viennois Sacher c'est-à-dire à base d'amandes. Rien à voir avec le célèbre gâteau viennois. De nos jours, les biscuits connaissent toujours des variations selon les chefs sans pour autant qu'un biscuit ne se détache du lot pour devenir une base commune à tous.

Quant à la génoise, c'est un biscuit de Savoie dont la technique de réalisation est différente. Au lieu de séparer les blancs d'oeufs des jaunes d'oeufs, ils sont montés ensemble. Génoise et biscuit de Savoie sont un seul et même produit (Réf: Restauration historique des bases de la pâtisserie française de Berry Farah) La génoise devient un classique au XIXe siècle. Les oeufs et le sucre sont montés, le plus souvent, à froid et rarement à chaud. Contrairement à la génoise que nous connaissons aujourd'hui, la génoise d'alors est très riche en beurre ce qui lui donne tout son moelleux. La quantité de beurre varie, mais sans jamais descendre endessous de la moitié du poids de la farine. Ainsi, on parle de génoise fine ou commune. Ce n'est que dans les années 1960-1970 que la génoise se voit dépossédée de son beurre au profit de l'imbibage ce qui entraine la disgrâce de cette base que l'on finit par trouver sèche et sans saveur.

Biscuit de Savoie et famille

Le terme biscuit a tendance encore aujourd'hui à créer la confusion ce pourquoi j'ai baptisé le biscuit de type gâteau le biscuit à la française pour le distinguer du biscuit à l'anglaise ou à l'italienne qui sont des produits cassants. Aux États-Unis le biscuit n'est ni un gâteau, ni un biscuit sec, mais un petit pain qui peut rappeler le scone anglais.

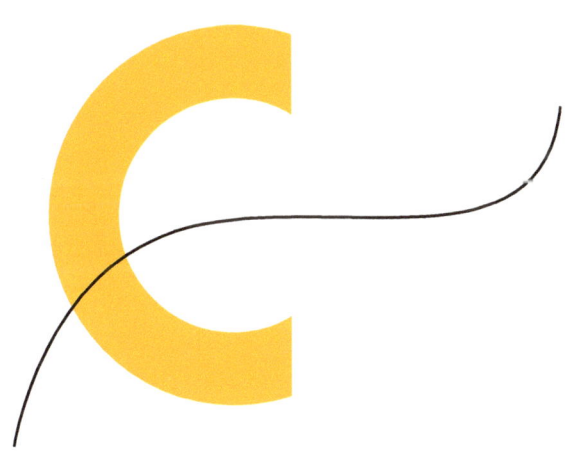

Repères pour les pâtes battues

(biscuits, cakes)

3 GRANDES FAMILLES

Biscuit léger et Biscuit beurré

Farine <= 60% du poids des oeufs

Sucre <= 200% du poids de la farine

Avec ou sans beurre

Beurre <= 100% du poids de la farine

Beurre: 20% à 100% Moyenne 40%

Ex : Biscuit de Savoie, Génoise, Biscuit Cuiller, Biscuit en Feuille…

Biscuit léger : Farine faible en protéines | Biscuit beurré : Farine médium en protéines

---

Mi-biscuit - mi-cake

60% < Farine <100 % du poids des oeufs

Sucre <= 140% du poids de la farine

Beurre<= 100% du poids de la farine ou du sucre

Beurre: 40% à 100% Moyenne 66%

si sucre >115% du poids de la farine ajout 1/2 blancs d'oeufs par oeuf.

Farine médium en protéines

Cake

Farine >= 100% du poids des oeufs

Sucre <= 115% du poids de la farine

Beurre >= 75% du poids de la farine

Beurre: 66% à 100% Moyenne 75%

Ex : Cake aux fruits, Quatre Quarts, Cake Marbré…

Farine faible en protéines

Biscuit de Savoie et famille

FARINE

Le choix de la farine va dépendre du type de produit à réaliser. Il est préférable de choisir une farine à fine granulométrie. Dans bien des cas la farine biscuitière ou farine dite à pâtisserie sera la farine la plus appropriée. Dans d'autres cas il sera préférable de la combiner à une farine plus forte ou de choisir une farine intermédiaire. Dans le cas de farine plus riche en protéines, il est suggéré de remplacer 10% à 20% de la farine par de la farine de riz non granuleuse ou de la fécule de riz voire de la fécule de pomme de terre. Le choix de la farine influence la texture du produit et son volume. De même que le choix de la fécule influence la texture et la saveur du produit.

En tout temps, il est possible de remplacer toute la farine de blé par de la farine de riz non granuleuse pour obtenir une texture et une saveur différente.

Pour mémoire la farine contient 14% à 16% d'eau. C'est pourquoi il est parfois intéréssant de la sécher au four à 100°C pour 1h30 à 2h. Puis de bien la refroidir avant de l'utiliser. Cela permet d'améliorer les capacités rhéologiques de la farine. Cela est particulièrement vrai dans le cas de farine biscuitière lorsqu'on souhaite réaliser avec ce type de farine des produits plus riches en beurre et en sucre tout en préservant la qualité de la texture et en maintenant un bon volume.

Biscuit de Savoie et famille

LIQUIDE

Les oeufs sont les liquides les plus utilisés. Il est possible d'ajouter à l'occasion de l'eau, du lait, de la crème ou des liqueurs (Cognac, Cointreau, Grand Marnier…)

La crème liquide ou semi-épaisse à 35% peut remplacer 50% à 25% du beurre. Cependant, il ne faut pas oublier que la crème contient 59% d'eau.

Lorsqu'on utilise du beurre clarifié ou de l'huile de beurre, il est important de compenser l'eau présente dans le beurre. Soit pour 100 g de beurre clarifié, il faudra ajouter 20 g à 22 g d'eau. Bien entendu, cela dépend toujours de la texture recherchée. L'important est de respecter l'équilibre de la recette.

La quantité d'oeufs est en relation avec la quantité de farine, de sucre et de beurre. Plus il y a d'oeufs moins il y a de beurre sauf s'il y a suffisamment de sucre. Plus il y a de blancs d'oeufs plus on peut se permettre d'ajouter du sucre. Dans ce cas, si la quantité de farine est importante il faudra ajouter plus de beurre pour compenser l'effet caoutchouteux que peut apporter le cocktail blanc d'oeuf, sucre, farine.

La plus grande difficulté des pâtes battues est l'équilibre entre les éléments solides et les éléments liquides. C'est cela qui détermine la tenue du produit et sa texture.

Biscuit de Savoie et famille

Repères

Biscuit, génoise et biscuit léger :   pour 1 oeuf de 50 g   25-30 g de farine minimum 20g.

Mi-biscuit - mi- cake :   pour 1 oeuf de 50 g   30 g de farine à 45g de farine.

Cake :   pour 1 oeuf de 50 g   40 g de farine à 50g voire plus de farine maximum 65g

Biscuit de Savoie et famille

BEURRE

Le beurre apporte du moelleux et de la saveur aux pâtes battues. Cependant, il alourdit la préparation et peut nuire au volume du produit. Le beurre est en relation avec la quantité de liquide, de sucre et de farine. Plus il y a de liquide moins il y a de beurre. Le beurre ne devrait pas dépasser 100% du poids de la farine ou du sucre, ni descendre en-dessous de 25% du poids de la farine.

Le beurre peut être utilisé en crème, clarifié, fondu, froid ou chaud. La consistance du beurre et sa température dépendent de la méthode utilisée.

L'état du beurre influence la texture finale. Un beurre en crème peut donner un produit plus lourd qu'un produit dont le beurre a été fondu. Un beurre fondu bien émulsionné et un beurre fondu non émulsionné affectera aussi la texture. L'un conservera une texture crémeuse l'autre donnera un aspect plus gras.

Dans le cas des cakes, le beurre est mis en crème pour faciliter l'introduction d'air dans la préparation. Cependant, la méthode de l'émulsion ou même du sablage est parfaitement adaptée.

+Beurre −Volume
La texture est plus moelleuse, plus dense.

−Beurre +Volume
La texture est plus sèche, plus aérée

Biscuit de Savoie et famille

Repères

-**Beurre 40% - 60% - 80% - 100% - plus rarement 115% du poids de la farine**

Dans la plupart des cas le beurre ne doit pas dépasser la quantité de sucre.

Biscuit, génoise et biscuit léger : beurre: 40% à 100% Moyenne 40%

Mi-biscuit - mi- cake : beurre: 66% à 100% Moyenne 66%

Cake : Beurre 66% à 100% en fonction de la farine choisie. Moyenne 75%

Biscuit de Savoie et famille

SUCRE

Dans mes précédents ouvrages j'expliquais comment la quantité de sucre avait un impact sur la forme du produit. Plus la quantité de sucre est importante plus les chances que le produit s'effondre sont grandes. Cependant à la suite de mes derniers travaux j'ai constaté que cette règle n'est vraie que si les blancs d'oeufs ne sont pas montés en neige.

Dans le cas où les oeufs ne sont pas montés en neige, la quantité de sucre ne devrait pas dépasser 115% du poids de la farine.

Avec les blancs montés en neige, la quantité de sucre peut atteindre jusqu'à 200% du poids de la farine comme dans le gâteau de Savoie.

Le sucre, lorsqu'il n'est pas bien dissout, peut entrainer à la surface des produits réalisés des petits points foncés. Mieux le sucre est dissout plus la couleur du produit sera uniforme.

La quantité de sucre va affecter le volume des pâtes battues. Lors de la cuisson le sucre retarde la gélatinisation de l'amidon et la coagulation des oeufs et permet au produit de pousser davantage

+Sucre +Volume
texture plus aérée.

−Sucre −Volume
texture caoutchouteuse

Poudre à lever

La quantité de poudre à lever varie de 2% à 6% par rapport au poids de la farine. Choisir de préférence une poudre à lever à double action. Cependant une poudre à lever simple action, à action rapide ou lente, convient parfaitement en fonction du type de produit comme cela sera expliqué par la suite.

Il existe 3 types de poudre à lever

Celle la plus commune en France est une poudre à lever à action lente. C'est à dire que la production de CO_2 se produit au four

La poudre à lever bio contient le plus souvent du tartre et elle est très rapide c'est à dire que le CO_2 est produit en dehors du four.

La poudre à lever la plus commune au Canada est celle a simple action 60% du CO_2 se produit en dehors du four et 40% au four.

La poudre à lever à double action permet un équilibre entre le dégagement du CO_2 avant cuisson et au cours de la cuisson.

Au Canada et plus généralement en Amérique du Nord on peut retrouver tous les types de poudre à lever y compris au supermarché.

IMPORTANT: La poudre à lever contenant du pyrophosphate est généralement à action lente. Cependant, il semblerait qu'en focntion du type de pyrophosphate cela peut être plus ou moins vrai.

Biscuit de Savoie et famille

Effet de la cuisson

La cuisson se produit de manière concentrique, c'est-à-dire en partant des bords pour aller vers le centre. Ceci explique les raisons pour lesquelles une bosse peut émerger au centre du produit. Mais aussi pourquoi la bosse est d'une couleur plus pâle et les bords plus foncés. Comme le montre le schéma ci-contre, la cuisson commence par les bords pour aller vers le centre et explique les différences de coloration.

Le passage plus ou moins long de la pâte au froid accentue le phénomène de bosse du fait que les bords s'assèche plus rapidement sans donner le temps à la vapeur de se produire dû au fait des différences de température et ainsi le coeur qui prend plus de temps à monter en température permet à la vapeur de se produire et de provoquer la dépression.

Pour autant, il ne faut pas oublier que la viscosité du mélange, la quantité de sucre et la quantité de beurre peuvent avoir un effet sur le volume et déterminer si celui-ci formera un dôme, un pic, une bosse ou sera plat.

Effet de la cuisson sur la forme du produit

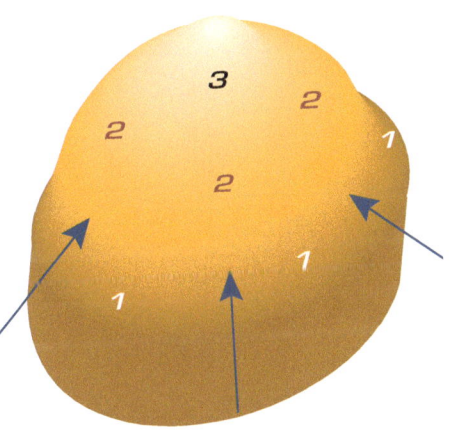

Manière dont la cuisson se produit : des bords vers le centre

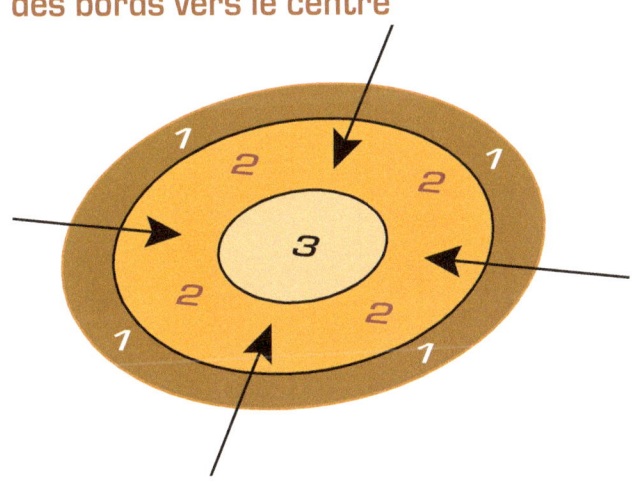

Plus un appareil est liquide plus la température de cuisson est élevée.

Plus l'appareil est épais plus la température de cuisson est basse.

Une cuisson trop rapide peut avoir pour conséquence de colorer en excès le produit et de l'assécher.

Biscuit de Savoie et famille

L'effet de la poudre à lever lors de la cuisson.

Pour une même quantité de poudre à lever son comportement sera différent en fonction de la quantité de sucre présent. Ceci est vrai pour des poudres à lever à action lente c'est-à-dire pour des poudres dont le gaz est produit uniquement à la cuisson. Dans le cas des autres poudres à lever la relation de la quantité de sucre par rapport à la quantité de farine à moins d'importance.

Au moment de la cuisson, le sucre retarde la gélatinisation de l'amidon et des oeufs. Si la quantité de sucre est plus importante que la quantité de farine, la pâte va pousser de façon conséquente. Si les blancs sont montés en neige cela aura aussi une influence positive sur le volume du produit

L'action de la poudre à lever peut engendrer une bosse ou un gonflement en ballon avec un risque d'effondrement dans une recette déséquilibrée. Il est donc important soit d'en mettre en plus faible quantité, soit de l'omettre ou encore de changer de type de poudre à lever

Dans le cas où la quantité de sucre est inférieure ou égale à 50% du poids de la farine le produit ne gonfle pas suffisamment et de ce fait le gaz généré par la poudre à lever à action lente va percer le dessus du produit et entraîner un écoulement de la pâte à la manière de la lave d'un volcan. Dans ce cas, il est préférable d'abaisser la quantité de poudre à lever, d'en choisir une autre ou même de choisir de la levure osmotolérante et laisser pousser la préparation une heure à deux heures à température ambiante avant de l'enfourner.

Cake avec excès de poudre à lever à action lente. Excès d'ingrédients dans le moule et cuisson sur sole

Photo prise dans le four

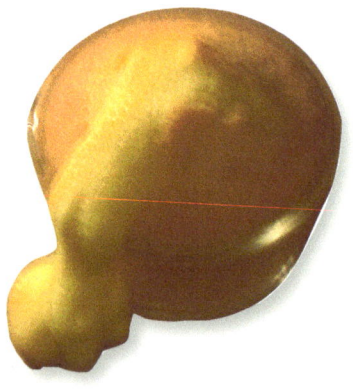

Sablé Breton et famille

Ce phénomène de volcan peut aussi se produire en présence d'une grande quantité de sucre lorsque la température du four est assez élevée. Dans ce cas la pâte est rapidement cuite exceptée le centre qui demande un temps plus long de cuisson ce qui a pour conséquence une poussée importante du coeur avec en plus un effet de "lave".

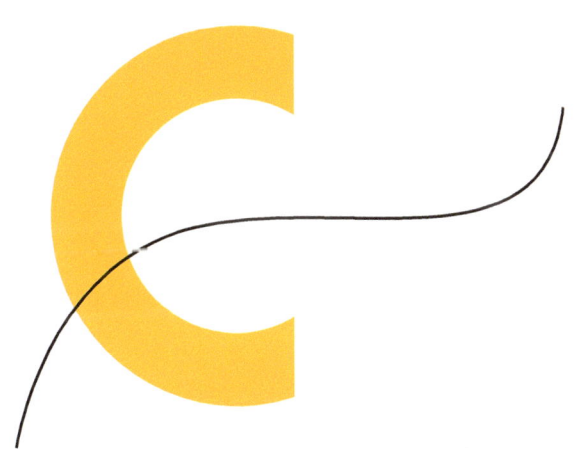

De la théorie à la pratique

Les variétés de recettes de pâtes battues sont nombreuses. L'univers des pâtes battues invite à une véritable exploration et expérimentation pour trouver la pâte qui convient le mieux pour le thé ou pour un entremet. L'important est d'avoir un produit moelleux et/ou aérien. Ces pâtes ne doivent pas être lourdes comme souvent c'est le cas du fait d'un mauvais équilibre de la recette ou du mauvais choix des ingrédients.

Certains points sont à tenir en compte pour éviter des déconvenues

Le sucre influence la texture et le volume. Si le sucre dépasse 115% du poids de la farine, il est préférable de monter les blancs d'oeufs en neige. Bien entendu cela dépend aussi du rapport liquide / farine.

Le beurre doit être toujours lié aux jaunes ou à la farine. Ne jamais ajouter le beurre fondu sans qu'il ne soit lié.

La poudre à lever contribue au volume mais il faut l'utiliser parcimonieusement et choisir la poudre à lever qui convient le mieux à notre travail.

Au Québec, choisir une poudre à lever à double action.

Pour le choix des ingrédients les recommandations sont les mêmes que pour les pâtes friables.

Le gâteau de Savoie

Monter les 108 g de sucre, les jaunes d'oeufs et la fleur d'oranger en mousse. La préparation obtenue doit être blanche et crémeuse.

Mettre la moitié des 32 g de sucre dans un bol ajouter les blancs et monter en neige. Dès l'apparition des premiers sillons ajouter le reste du sucre. Vous devez obtenir une préparation mousseuse qui se tient mais qui ne soit pas ferme.

Mélanger la farine, la poudre à lever et la fécule et tamiser le mélange au moins deux fois.

Ajouter une petite partie au premier mélange contenant les jaunes d'oeufs Ajouter une partie des blancs. Ensuite alterner blancs d'oeufs et farine/fécule/poudre à lever.

Richard dans son commentaire vous offre une alternative qui vous donnera un résultat tout aussi intéressant.

Cuire à four doux 160°C - 320°F

Farine Biscuitière 100 g

Québec :

Farine à pâtisserie 80 g

Fécule de pomme de terre 20 g

Jaunes d'oeufs 68 g

Blancs d'oeufs 140 g

Sucre semoule fin 108 g

+ 32 g

Fleur d'oranger 14g

Alternative : Eau 14 g

Faulcutatif pour plus de légèreté :

Poudre à lever 2 g

Le mot de Richard

Gâteau oublié mais très généreux en arômes et saveurs.

Pour moi la fleur d'oranger reste un incontournable dans ce produit.

Ce gâteau agréablement sucré, d'une « mie » grinçante sous les doigts (à en rappeler les années du collège.).

Bon développement du produit. L'incorporation de la moitié de la farine dans les blancs et l'autre moitié dans les jaunes permet une homogénéité rapide.

Gâteau de montage ou de dégustation, à tester sans modération.

Une fois de plus, on peut remarquer la présence de farine biscuitière.

Cake à l'anglaise

Monter le sucre, les jaunes d'oeufs et le cognac en mousse. La préparation obtenue doit être blanche et crémeuse.

Faire fondre le beurre (si beurre clarifié compter 120g de beurre clarifié et 22g d'eau). Température du beurre chaud si les oeufs sont froids. 25°C à 30°C si les oeufs sont tempérés.

Le beurre est ajouté comme pour une mayonnaise pour obtenir une consistance plus ou moins crèmeuse. Moins le mélange est solide plus il est en crème épaisse mieux sera la texture.

Mélanger farine et poudre à lever.

Ajouter la farine et les blancs d'oeufs en même temps dans le mélange des jaunes et du beurre

Mélanger suffisamment mais sans exagérer pour ne pas corser le mélange.

Le cognac peut être ajouté avec les jaunes ou les blancs. La saveur s'exprimera différemment.

Cuisson 160°C - 320°F.

Farine Biscuitière	**149 g**
Farine T45 Label Rouge	**35 g**
Québec :	
Farine à pâtisserie	184 g
Sucre semoule fin	**160 g**
Beurre	**144 g**
Jaunes d'oeufs	**72 g**
Blancs d'oeufs	**144 g**
Poudre à lever	**4 g**
Cognac	**20 g**
Alternative : Eau	16 g

Le mot de Richard

Dans ce produit, le mélange de farine va nous permettre d'obtenir un bon produit. Toujours la biscuitière et 20 % de T45 pour développer les qualités d'un cake.

Deux options s'offrent ici à vous :

Cuisson en direct pour un produit correct avec une présence d'alcool, une belle texture mais un visuel qui pourrait être meilleur.

D'où la deuxième option pour une cuisson après 4H minimum à 4°C. Une perte d'alcool peut se faire ressentir. Tout le reste est bonifié. Pour cette seconde option, remplacer le cognac par la proportion d'eau indiquée mais imbiber avec un sirop léger à l'alcool votre cake après cuisson, lorsqu'il aura atteint 60°C à cœur.

Gâteau aux amandes

Mélanger à la spatule ou à la feuille les amandes, le sucre, les jaunes et l'eau ou le parfum choisi.

Le mélange doit donner une belle pâte ressemblant à une crème.

Ajouter le beurre fondu, bien mélanger.

Ajouter la fécule à laquelle on aura ajouté la poudre à lever.

Ajouter le blanc d'oeuf. Bien mélanger au fouet

Mettre le mélange sur un bain mairie, pour détendre l'appareil et le rendre plus fluide si ce n'est pas déjà le cas.

Cuisson 160°C - 320°F.

Alternative :

Il est possible de monter les blancs en neige dans ce cas la texture et le résultat seront différents.

Amandes en poudre	**140 g**
Fécule de pomme de terre	**60 g**
Sucre glace	**192 g**
Beurre	**140 g**
Jaunes d'oeufs	**72 g**
Blancs d'oeufs	**144 g**
Eau de fleur d'oranger	**20 g**
Alternative : Eau	20 g
Alternative : Grand-Marnier	24 g
Poudre à lever	**2 g**.

Commentaires :

Il est possible de remplacer la fécule de pomme de terre par 40g de farine biscuitière / farine à pâtisserie . La saveur et la texture s'en trouveront modifiées

---

Le mot de Richard

Encore frais dans ma mémoire, ce goût léger d'amande mais si puissant, cette texture « unique » de semoule fondante. Alcool ou pas, il est vraiment très agréable. Pour moi, c'est un beau concurrent du Pain de Gênes. Une fois de plus le jeu de texture opère.

Vous pourrez voir que c'est l'une des rares recettes ou nous utiliserons du sucre glace, mais ici cela permettra de régler la sensation sucrée à son idéal.

gâteau au chocolat

Faire fondre, le chocolat, le cacao en poudre et le beurre

Monter de façon mousseuse les blancs avec 32 g de sucre prélevé des 240 g. Pour la consistance des blancs se référer au gâteau de savoie.

Monter le sucre, les jaunes d'oeufs et le Grand-Marnier en mousse. La préparation obtenue doit être blanche et crémeuse..

Ajouter le beurre fondu avec le chocolat à une température de 40°C bien mélanger.

Si l'appareil Jaunes, sucre, beurre chocolat ne reste pas crémeux, le mettre sur un bain marie.

Mélanger la fécule, la farine et la poudre à lever et tamiser l'ensemble.

Ajouter 1/4 de blanc mousseux au mélange jaune et chocolat puis alterner avec le mélange farine, fécule et poudre à lever..

Enfourner à chaleur douce environ 160°C - 320°F

Farine Biscuitière	**60 g**
Québec :	
Farine à pâtisserie	60 g
Fécule de pomme de terre	**40 g**
Sucre semoule fin	**240 g**
Beurre	**175 g**
Jaunes d'oeufs	**72 g**
Blancs d'oeufs	**144 g**
Grand-Marnier	**28 g**
Alternative : Eau	16 g
Poudre à lever	**4 g**
Chocolat à environ 66%	**120 g**
Cacao en poudre à 22% mg	**25 g**

Commentaires :
Le chocolat Inaya de Cacao Barry moins riche en beurre de cacao et plus riche en cacao sec donne un excellent produit

---

Le mot de Richard

Un petit bonus avec celui-là.

Entre le cake et le moelleux chocolat. La texture du cake et la force du moelleux sans son excès de sucre. Ici le mélange farine / fécule équilibre cet entre deux.

Je conseille soit un Illanka 63% de chez Valrhona ou un Concorde Lenôtre 66% de chez Cacao Barry.

Pour les mordus de chocolats, 6% de couverture chocolat peuvent être substitué par du cacao pure pate.

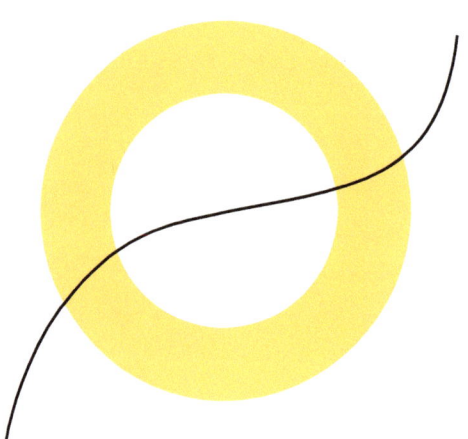

Kugelhupf et famille

Notre histoire

Au XIXe siècle la pâtisserie française est d'abord une pâtisserie parisienne. Cette pâtisserie deviendra nationale vers le début du XXe siècle. De ce fait, aussi surprenant que cela puisse paraître peu de spécialités régionales se voient intégrer dans les bases de la pâtisserie française. Il y a donc la pâtisserie française(parisienne) et la pâtisserie régionale. De nos jours, la pâtisserie régionale fait entendre de plus en plus sa voix. Ce phénomène n'est pas étranger à la fragilisation de la nation et à la quête d'identité. Cependant, le Kugelhupf, dont il existe différentes graphies, est présent dans tous les livres du XIXe siècle mais pas à titre de spécialité alsacienne. Le Kugelhupf est davantage présenté comme un produit allemand ou autrichien dont les pâtissiers français ont fait une spécialité parisienne. Ceci explique pourquoi contrairement à d'autres spécialités régionales le Kugelhupf fait partie des bases de la pâtisserie française.

Étrangement, la gâteau de Compiègne (appelé aussi gâteau chaudron) bien plus français que le Kugelhupf, et présent depuis le XVIIe siècle, a connu un chemin différent. D'abord produit régional, il connait une ascension fulgurante pour devenir un produit national. Le gâteau de Compiègne fut une spécialité régionale qui a très vite rejoint Paris tant il fut populaire. Il est rare de le voir absent des livres de pâtisserie du XVIIIe et XIXe siècle. Cependant, vers le début du XXe siècle, il va être écarté au profit de la brioche et du savarin.

kugelhupf et famille

Le gâteau de compiègne se trouve à la frontière de ces deux produits. Ce gâteau de Compiègne a de grandes similitudes avec le fameux gâteau battu picard, le sucre en moins. Il faut rappeler que les pâtes levées d'avant les années 1930 n'ont jamais été sucrée ou rarement. Si je fais allusion au gâteau de Compiègne c'est que nous verrons combien sa recette à des similarités avec la recette du Kugelhupf tel qu'il était réalisé dans les années 1930 et précédemment.

Le Kugelhupf alsacien a été associé à la ville de Strasbourg. Encore de nos jours dans certains livres étrangers, cette mention demeure. Cependant le Kugelhupf avant de devenir alsacien est un produit provenant de l'est de l'Europe. Il en existe différente sorte en Allemagne, en Autriche, en Tchèquie, en Hongrie, en Pologne… et autant de recettes. Toutes furent à l'origine des pâtes levées. Il faut rappeler qu'en Tchèquie ou en Pologne le Kugelhupf porte un autre nom. En Tchèquie, il s'agit de la bábovka. En Pologne, il s'agit de la babka qui donnera le fameux baba. De nos jours le Kugelhupf autrichien ressemble davantage à un cake. La création de la poudre à lever n'est pas étrangère à cette transformation comme nous le verrons plus tard.

Avant de poursuivre notre quête sur le Kugelhupf, attardons nous sur la manière dont on l'écrit.

En Autriche : Gugelhupf .

En Allemagne : NapftKuchen (traduction littérale Cup Cake) - Kugelhupf .

En France : Kougelhopf, kouglof.

En Alsace : Kugalhupf.(référence dictionnaire Alsacien)

En Anglais : Bundt Cake.

Cependant ceux ci ne sont que les variantes les plus connues car il en existe bien d'autres.

Les types de recettes de Kugelhupf peuvent se diviser en 3 grandes catégories selon les recettes présentes tout au long du XIXe siècle et du début du XXe siècle.

Kugelhupf et famille

1- Le type gâteau qui ressemble à un quatre quart levé, le sucre en moins

Vous comprendrez que lorsque la poudre à lever a été mise au point, il a été plus facile de l'utiliser en lieu et place de la levure. Par le fait même, on a ajouté la quantité de sucre nécessaire ce qui ne pouvait se faire avec la levure du fait qu'à l'époque il n'existait pas de levure osmotolérante.

2- Le type pain brioché (c'est-à-dire moins riche qu'une brioche que cela soit en oeuf et en beurre.)

3- Le type baba qui se situe entre les deux catégories précédentes.

Quant à la garniture, elle varie en fonction des régions. Cependant le Kughelhupf marbré fut très populaire dans l'Est de l'Europe et en Autriche. C'est lui qui donnera naissance au Cake Marbré.

Qu'en est-il du Kugelhopf alsacien ?

Selon l'émission des Talents et des Gens diffusé sur FR3 Alsace en 1978, la recette du Kughelhupf alsacien serait très proche du Gugelhupf autrichien rustique (catégorie 2). Il est fait allusion au BauernGugulhupf. Comme le nom l'indique (Bauer en allemand signifie paysan) ce type de Gugelhupf n'est probablement pas celui qui fut servi sur les grandes tables royales d'Europe. Mais est-ce là la vraie recette alsacienne? Permettez-moi d'en douter.

En effet mes recherches m'ont conduit à lire un article fort intéressant paru en 1934 dans la revue suivante : Affaires étrangères. Revue mensuelle de documentation internationale et diplomatique. Voilà ce qui est dit

> *Le Kugelhopf est une sorte de baba cuit au four dans un moule à forme spéciale, en terre vernie à l'intérieur. Il existe des Kugelhopf de boulanger, faits avec une pâte à pain légèrement sucrée et affinée par l'addition d'un peu de beurre. Mais il existe aussi des Kugelhopf de pâtissier, riches en beurre, en jaunes d'oeufs, en amandes et en raisins; ce sont les moins répandus. Pour le touriste, le Kugelhopf populaire est une désillusion.*

Kugelhupf et famille

Ceci signifie que les recettes de Kugelhupf que nous connaissons ne ressemblent en rien à ce que devrait être le Kugelhupf, un produit assez riche (Catégorie 3)

A cet effet, il est indiqué *Dans l'intermédiaire des chercheurs et des curieux* de 1889 que le Kugelhupf a le droit de cité à Paris sous le nom de baba . Dans le dictionnaire de Pierre Larousse du XIXe siècle, on mentionne que le Kugelhupf est un nom générique donné en Allemagne aux gâteaux cuits dans une casserole ou dans un moule ce qui peut nous rappeler le gâteau de Compiègne qui à l'origine se cuisait dans un chaudron.

A l'heure actuelle de mes recherches, il est fort probable que Kugelhupf fasse référence à divers produits comme ce fut le cas avec la brioche. Et contrairement à ce que l'on pourrait penser, le Kugelhupf serait entré en France bien avant Louis XV de manière plus confidentielle. Il pourrait être aussi une explication au gâteau de Compiègne, mais aussi à la transformation de la brioche en ce produit riche que nous connaissons aujourd'hui. Néanmoins, nous savons que cela soit en France ou en Europe, les produits ont commencé à être enrichis à la fin du XVIIIe début du XIXe siècle. Il se peut donc que le Kugelhupf, tout comme la brioche, n'était pas un produit très riche. Cela nous conduit à se poser une autre question. La babka a-t-elle été enrichie avant de donner naissance au baba ou a-t-elle juste été arrosée de vin doux et par la suite la babka s'est apparentée à ce que nous connaissons aujourd'hui ? Le mystère n'a pas été encore résolu.

Cela étant dit Baba, Brioche, Savarin, pâte à Couques, Solilem et j'en passe appartiennent à une même famille et comme pour les biscuits à la française du XIXe siècle les variantes résident bien souvent dans l'équilibre de la recette. C'est d'ailleurs sur ce même principe que le panettone s'est vu transformer en un produit riche alors qu'il fut pendant longtemps une pâte à pain enrichie. On peut même se demander si les pâtissiers italiens du milieu du XXe siècle qui ont opéré la transformation du Panettone en ce produit riche en jaunes d'oeufs, sucres et beurre ne se sont pas inspirés de ces pâtes levées que furent le Kugelhupf, le gâteau de compiègne ou le savarin.

Pendant des années, la France fut une nation où la pâte levée enrichie était un art jalousement préservé. Cette tradition des pâtes levées enrichies est tombée de son

Kugelhupf et famille

piédestal dans les années 1950 ou l'on a abandonné un bon nombre de ces recettes pour se consacrer principalement à la réalisation de la brioche.

De nos jours c'est à travers les produits régionaux que l'on retrouve un certain nombre de pâtes levées.

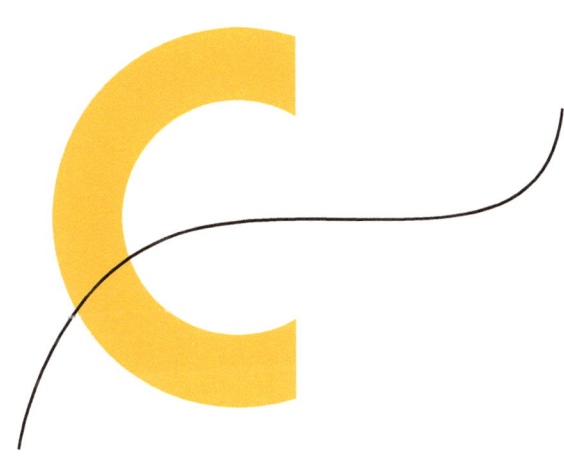

Kugelhupf et famille

FARINE

La farine a un rôle très important dans les pâtes levées. Elle agit autant sur la structure que sur la texture. De ce fait, il faut chosir une farine qui ait à la fois une bonne ténacité et une bonne extensibilité. Il ne faut pas que la ténacité nuise à l'extensibilité en étant trop forte ce qui est souvent le cas dans les farines destinées aux pâtes levées. Elles doivent être suffisamment extensibles mais sans mettre en péril l'équilibre ténacité/extensibilité au risque de manquer de tenue. Pour les professionnels comme pour les amateurs connaître les caractéristiques d'une farine est difficile à moins d'avoir la collaboration d'un meunier. Dans ce cas pour les mesures à l'alvéographe, il faut un p/l d'environ 0.66 (moyenne de 0.6 - 0.75) avec un P autour des 80 voire supérieur..

En Amérique du Nord, une farine dite tout usage pourrait convenir parfaitement bien. Cependant, si cela est vrai au Canada, pour un bon nombre de farine tout usage, cela est plus nuancé aux États-Unis. Pour des pâtes levées plus riches en sucre, en beurre et en oeuf, il est possible d'utiliser de la farine dite boulangère. En France, l'idéal serait la farine T45 label rouge. Il semble plus difficile de se fier à l'appellation farine de gruau car bien des meuneries proposent sous cette appellation des farines qui n'en sont pas. Cependant certaines farines de tradition de type 55 pourraient donner de bons résultats dans certains types de pâtes comme la brioche ou des pâtes de type buns ou pain au lait peu sucré.

A titre de référence, si vous obtenez le taux d'hydratation mesuré de votre meunier sachez qu'avec 58% à 60% vous avez la ténacité requise. L'extensibilité se constatera

Kugelhupf et famille

au cours du travail et de la cuisson mais aussi à la texture qui est moins compacte plus souple et absente d'élasticité. Dans le cas d'une forte ténacité l'apprêt prend le dessus sur le pointage.

Pour mieux apprécier sa farine, nous vous conseillons de réaliser un pain. L'hydratation de la pâte pourrait vous donner une bonne idée de l'hydratation maximale de votre pâte. Pour une pâte dont l'hydratation est égale ou supérieure à 70% sans être une pâte douce c'est à dire assez molle, la farine peut être considérée comme une farine forte. Autrement, il est conseillé d'avoir une plus faible hydratation, une moins forte quantité de sucre et de diminuer la quantité de beurre.

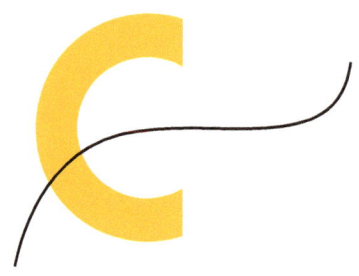

Kugelhupf et famille

LIQUIDE

Le plus souvent, les liquides utilisés dans les pâtes levées sont les oeufs entiers ou des jaunes d'oeufs. Le choix dépend de la texture désirée. Les jaunes combinés avec l'eau donneront une texture moins sèche et plus moelleuse avec un volume légèrement supérieur à des oeufs entiers. Les blancs d'oeufs apportent plus de cohésion à la texture finale voire une certaine sécheresse et donc une texture plus dense. Pour éviter cet effet, il est conseillé d'augmenter l'hydratation et/ou la quantité de beurre en fonction du résultat recherché.

Les produits laitiers auront tendance à affecter négativement le volume des produits et à donner une texture plus serrée. Certaines poudres de lait sont traitées à haute température et favoriseront donc davantage le volume qu'une poudre de lait conventionnelle.

Avec uniquement des jaunes et une quantité de sucre peu importante entre 12% et 25% il est préférable de ne pas ajouter beaucoup d'eau ou de lait;

Avec des oeufs entiers l'hydratation peut être conséquente sans nuire au volume et à la qualité de la pâte. Cela dépend de la capacité d'absorption de la farine. Pour une brioche on pourrait atteindre jusqu'à 80% d'oeufs par rapport au poids de la farine. Il est possible de combiner oeufs entiers et eau ou lait et maintenir de forte hydratation.

Kugelhupf et famille

BEURRE

La quantité de beurre va dépendre du produit que l'on cherche à réaliser et du type de farine que l'on utilise. Plus la quantité de beurre est importante, plus le produit se rapproche d'un gâteau levé que d'une pâte levée. Par principe on ne devrait pas dépasser 600g par kilo de farine. Une grande quantité de beurre n'apporte pas toujours l'effet escompté. L'important est la texture davantage que la quantité de matière grasse. La qualité d'une texture peut s'obtenir de diverses façons comme une bonne conduite de la fermentation ou encore le bon équilibre de la recette.

Comme pour toutes les pâtes la consistance du beurre aura un impact sur le produit final. Un beurre fondu nécessitera d'être en moindre quantité et apportera une texture moins dense et plus moelleuse.

Le beurre ralentit la fermentation et modifie la texture particulièrement lorsque la quantité dépasse les 10% à 12%.

Le Malt

Il existe deux types de malt le malt diastasique et le malt non diastasique.

Avec le malt diastasique les enzymes sont actives, amylases et protéases. Certains malts diastasiques n'ont que les amylases actifs particulièrement les extraits de malt. Les amylases permettent de transformer l'amidon endommagé durant la mouture, présent dans la farine, en sucre et ainsi nourrir la levure. Les protéases affaiblissent la structure de la pâte en transformant le gluten en acides aminés apportant de la saveur au produit.

Le malt peut se retrouver sous différents états : sirop, farine (farine d'orge malté ou farine de blé malté), de poudre (extrait de malt)

Le malt est indispensable lorsqu'on utilise des ferments tels que levain-levure, poolish et levain naturel.

Le malt doit être dosé de façon appropriée. Tout excès entraine une perte de consistance de la pâte, génère une texture collante, un excès de coloration au four et une mie molle et parfois collante.

Le malt non diastasique agit au même titre que d'autres sucres et apporte de la saveur.

Selon the american baking institute la quantité de sirop de malt diastasique pourrait varier entre 2% et 2.5% et le malt non diastasique entre 1.5% et 3% pour des pâtes levées sucrées.

Je vous conseille pour le malt diastasique de ne pas dépasser 1%. Le minimum étant de 0.3%

Kugelhupf et famille

SUCRE

Le sucre va affecter de façon importante le gluten. En effet, le sucre retient une partie de l'eau nécessaire à la formation du gluten. De façon imagée, le sucre et une partie de l'eau créent un sirop dans lequel est dispersée une partie de la farine pour former une crème qui ne développera pas son gluten ou de façon insuffisante. La manière dont le sucre est introduit dans la préparation va le rendre plus ou moins hygroscopique. Ainsi si le sucre est isolé dans la matière grasse, il va avoir moins tendance à absorber l'eau que si on le dissout dans le liquide. La manière dont le sucre est introduit va affecter aussi la saveur et probablement sa biodisponibilité pour la levure. Ainsi, la façon d'avoir un sucre parfaitement réparti dans la pâte, le plus disponible et dont l'action sur le gluten est le plus important est lorsque le sucre est dissout dans l'eau.

SEL

Le sel renforce le gluten. La quantité de sel dépend de la quantité d'eau mais aussi de la quantité de sucre. Plus de sucre moins de sel. Moins de liquide moins de sel. Comme le sucre, le sel va se comporter différemment en fonction de la manière dont il est introduit. Il semble que si le sel et le sucre sont tous deux dissouts dans le liquide qui servira à hydrater la pâte, les propriétés du sucre auront le dessus sur le sel alors que si le sucre est mélangé à la matière grasse et le sel dissout dans le liquide ce sera le sel qui dominera donc il renforcera la structure de la pâte. Ceci mérite d'être confirmé car les expériences empiriques ne suffisent pas toujours à valider une thèse. Il est nécessaire de mesurer avec les instruments adéquats les phénomènes constatés

Repères pour les pâtes levées

FARINE
1000 g / 1 kg

LIQUIDE	Oeufs	Jaunes	Lait	Crème	Eau
	2 à 16 oeufs	2 à 24 oeufs	540g à 730g	0g à 250g	480g à 600g
	100g à 800g	40g à 480g			

MATIERE GRASSE	Beurre	Huile
	100g à 800g	50g à 300g

SUCRE	Saccharose	Miel
	30g à 480g	0g à 80g

LEVURE	Osmotolérante	Régulière
	Fraîche	Fraîche
	15g à 20g	20g à 24g
	Instantannée	Instantannée
	5g à 7g	7g à 8g

FACULTATIF

Poudre de Lait

20g à 50g

2% à 5%

Sirop de malt diastasique

30g à 100g

3% à 10%

Kugelhupf et famille

L'hydratation

Il existe toute sorte de pâtes levées dont le résultat final dépend de l'équilibre de la recette et de la conduite de la fermentation. Le but est d'obtenir une mie à la fois souple et aérée, ni trop sèche, ni trop pâteuse. Si pour d'autres types de produit, les pâtissiers s'entendent sur la texture que le produit devrait avoir cela reste plus complexe pour les pâtes levées. Quelle texture doit avoir la brioche ? Pour les plus anciens la brioche est un produit aéré à la mie filante. Pour les nouvelles générations, elle est plus cotonneuse. De même qu'un buns ou un pain au lait doit-il être un produit dense et moelleux ou aéré et fondant ? Quant à la tradition, elle évolue selon les époques. Ce que les pâtissiers pensent être la tradition n'est bien souvent pas traditionel.

L'hydratation joue un rôle crucial sur le produit fini. Elle dépend à la fois de la quantité de sel, de sucre ou de beurre et des qualités rhéologiques de la farine. Une farine tenace demandera plus d'eau qu'une farine extensible. Dans les faits, si le meunier indiquait le taux d'absorption calculé de la farine, il serait plus facile d'ajuster l'hydratation en fonction du type de pâte choisie.

Les recettes devraient être adaptées à la farine utilisée. De ce fait, l'hydratation, mais aussi la quantité de sucre et de beurre, valable pour une farine ne sera pas valable pour une autre farine. Maintenir la même hydratation conduirait à des textures différentes avec parfois des résultats inadaptés d'autant plus si l'on n'a pas ajusté la quantité de sucre et/ou de beurre.

Comment déterminer le taux d'hydratation d'une pâte levée?

Pour dire vrai c'est un exercice périlleux lorsqu'on a aucune information sur la farine. Par principe, il faudrait réaliser une pâte sans sel, ni levure, ni sucre afin d'obtenir une pâte plus ou moins ferme. A partir de là le taux d'hydratation obtenu pourrait être ajusté en fonction des critères suivants.

Le sel est capable de "séquestrer" jusqu'à un maximum de 9 fois son poids en eau. En moyenne on pourrait dire 6 à 7 fois pour ne pas avoir une pâte pas trop douce. La quantité de sel devrait être calculée en fonction de la quantité d'eau et non de la

Kugelhupf et famille

quantité de farine. Le sel est un produit qui se dissout dans l'eau ce qui lui permet de mieux s'exprimer. Par conséquent avec de faibles hydratations il faudrait avoir moins de sel pour ne pas avoir un goût fortement salé. C'est pourquoi dans la plupart des pâtes levées la quantité de sel devrait être comprise entre 1% à 1.6% du poids de la farine. Par principe plus il y a de sucre moins il y a de sel

Le sucre ramollit la pâte en "séquestrant" une partie de l'eau destinée aux protéines de la farine pour former le gluten. Le sucre donne une pâte collante et pâteuse. L'ajout de beurre ou d'oeuf permet d'éviter ce phénomène. Par principe plus de sucre moins d'eau autrement la texture du produit est plus fragile et peut devenir pâteuse d'autant plus si la farine n'est pas appropriée. Ceci n'est vrai que lorsque la quantité de sucre est plus moins faible par rapport à la quantité d'eau et que les liquides sont de l'eau ou du lait et dans une certaine mesure des jaunes d'oeufs. C'est pourquoi dans le cas du panettone, malgré la grande quantité de sucre, l'hydratation reste importante. Il y a une subtile relation entre le sucre, l'eau et le beurre qui peut être balancée par les oeufs.

Les blancs d'oeufs raffermissent la pâte. J'ai pour hypothèse qu'il pourrait avoir une interaction entre les protéines des blancs d'oeufs et ceux de la farine.

Le beurre affecte partiellement l'hydratation contrairement aux autres pâtes de la pâtisserie dans lesquelles l'augmentation de l'un entre la diminution de l'autre. Pour des produits salés ou fortement sucrés et riches en oeufs le beurre affecte moins l'hydratation. Cela est moins vrai dans le cas de produits riches en eau et pauvres en oeuf ou la grande quantité beurre peut entrainer une baisse de la quantité d'eau.

L'hydratation va influencer la texture finale du produit. La texture sera votre critère de référence pour ajuster par la suite votre hydratation à condition que la fermentation ait été bien conduite.

Dans le cas ou le meunier vous donne le taux d'hydratation mesuré aux instruments vous pouvez appliquer les formules suivantes :

Pour connaître l'hydratation d'une pâte à laquelle on a ajouté du sel uniquement type pâte à pain.

Kugelhupf et famille

HydraSel=TAF + (Qsel * 0.618)

Qsel représente le % de sel par rapport à la farine

TAF représente le % d'absorption de la farine

Facteur 0.618 peut être ajusté à la hausse jusqu'à 0.9 pour des pâtes douces

Pour connaitre l'hydratation d'une pâte levée contenant du sel et du sucre

Hymin=TAF * [100 - (0.5 * Qsucre)] /100

Hymax=(TAF + (Qsel * 0.618)) * [100 - (0.5 * Qsucre)] /100

Hymoyen = (Hymin + Hymax) /2

Qsucre représente le pourcentage de sucre par rapport à la farine.

Par expérience, sauf dans les cas de farines très fortes, l'hydratation oscillera entre Hymin et le Hymoyen sachant que l'Hymoyen offrira une texture plus aérée.

Les calculs précédents ont été effectués sur une base d'eau. En fonction de l'hydratation choisie vous pourrez utiliser les calculs suivants pour déterminer la quantité d'hydratation pour les ingrédients suivants

pour le lait Hydratation/ 0.88

pour la crème à 35% Hydratation/0.59

pour le nombre d'oeufs Hydratation *0.22

pour la quantité d'oeufs Hydratation *11

pour le nombre de jaunes d'oeufs Hydratation * 0.8

pour la quantité de jaune d'oeuf Hydratation * 16

Kugelhupf et famille

La fermentation

La fermentation a un rôle prépondérant dans le résultat final de nos pâtes levées. Elle influence autant la texture que le goût.

La fermentation étant un sujet complexe, je vais résumer les étapes importantes à prendre en compte pour obtenir le meilleur produit.

Une pâte levée peut se réaliser en direct ou en différé, la veille pour le lendemain.

La fermentation se produit par l'ajout de levure qui, nourrie par les sucres et les minéraux contenus dans la farine, va générer de l'alcool (éthanol) et du gaz carbonique (CO_2). Ce gaz va permettre de gonfler les bulles d'air présentes dans la pâte et ainsi permettre à la pâte de prendre du volume. Le gaz carbonique a une propriété particulière celle d'acidifier la pâte. C'est pourquoi il est important de bien maintenir l'équilibre entre la température de la pâte et la quantité de levure. Plus la quantité de levure est importante plus la levure génère du CO_2. Ceci ce produit aussi si la température est élevée. La température idéale pour l'activité de la levure est 27°C. Cela ne signifie pas pour autant que la pâte ne puisse pas pousser à une température de 15°C. La seule différence est que la levure fonctionne au ralenti. Plus la température est basse, plus le métabolisme de la levure est ralenti.

Les éléments qui affectent la levure sont :

Le sucre : une grande quantité de sucre ralentit considérablement la levure. C'est pour cette raison qu'il a été créé des souches qui permettent d'éviter ces inconvénients. C'est la levure osmotolérante. Cependant, malgré les capacités de cette levure la quantité de sucre ne devrait pas dépasser 48% du poids de la farine. L'utilisation d'une levure régulière non osmotolérante avec une quantité forte de sucre entraine un ralentissement considérable de la fermentation et exige des quantités de levure importantes ce qui n'est pas recommandé.

Dans le cas où l'on n'utilise pas une levure osmotolérante, il est possible d'utiliser une levure courante en tenant compte des principes suivants :

Kugelhupf et famille

-La quantité de sucre ne devrait pas dépasser 14% du poids de la farine. Au-delà, il est fortement recommandé d'utiliser une levure osmotolérante.
-La quantité de levure fraîche doit être de 24g.

La levure devrait être préparée avec un levain levure (un mélange d'un quart du poids de la farine avec une quantité d'eau et toute la levure) ou encore de mélanger la levure avec une quantité d'eau tiède et la laisser buller avant de l'ajouter à la préparation. Cette opération permet de démarrer la levure et éviter un ralentissement important de la fermentation.

Le sel : Jusqu'à présent le sel était considéré comme ralentissant la levure et selon diverses études à 1% de sel par rapport à la quantité de farine celui-ci accélérait la fermentation. Cependant, une étude japonaise récente tant à bouleverser ces principes. Étant donné qu'il n'y a pas eu d'autres études pour appuyer ou contredire celle-ci, nous restons sur le principe que le sel ralentit la fermentation.

La quantité d'eau : Plus une pâte est dure plus la fermentation sera ralentie. De ce fait avec des pâtes moins hydratée, il est conseillé de faire un court pointage en masse (un pointage de l'ensemble de la pâte) et privilégier un plus long apprêt (apprêt dans le moule ou sur plaque). A noter qu'une pâte liquide ou très douce exigera les mêmes précautions du fait que cette fois la pâte retient moins le CO_2 du fait d'une plus faible viscosité du mélange. Cependant, l'ajout de malt permet de soutenir la fermentation et donc de prolonger sa durée et particulièrement celle du pointage.

Au cours de la fermentation, la pâte va atteindre le double de son volume. A cette étape, il est préférable de rabattre la pâte de telle manière à mettre le dessous de la pâte sur le dessus de la pâte. Cela a pour vertu de renouveler les levures et de redynamiser la fermentation comme l'a expliqué monsieur Hervé This chimiste à l'INRA. Ainsi, la pousse qui suit va gonfler plus rapidement. Le fait de se renouvellement aura pour conséquence de contribuer à la saveur du produit et à son volume au cours de la cuisson. De ce fait, cela nous invite à utiliser bien moins de levure et de recommencer plusieurs fois l'opération. Ceci est vrai à condition d'avoir une température adéquate pour ne pas ralentir de trop la fermentation, ni trop l'accélérer

Kugelhupf et famille

Ceci nous conduit à démontrer l'utilité du rabat à condition que celui-ci se fasse au moment opportun c'est à dire au moment ou la pâte a atteint un certain volume. Le rabat a tendance à renforcer le réseau glutineux et confère davantage d'élasticité. C'est pourquoi il est judicieux, après l'avoir effectué, d'attendre que la pâte ait doublé à nouveau de volume avant d'en refaire un nouveau ou de procéder au façonnage. En effet, si le rabat apporte de l'élasticité, la période prolongée qui suit va contribuer, contrairement à ce que l'on dit, à l'extensibilité de la pâte à condition qu'elle ait suffisamment poussée.

De nos jours, l'utilisation du froid tend à rendre ces opérations plus complexes et peut mettre en péril la fermentation. C'est pourquoi, il faut arriver à trouver un juste équilibre entre fermentation à température ambiante ou chaude et à température froide.

La difficulté dans la fermentation est d'arriver à contrôler les nombreux paramètres qui la gèrent afin de favoriser à la fois la texture, le volume et le goût.

Il est donc important de :

- **prendre soin de la température de la pâte. Il est fortement recommandé d'avoir une étuve.**
- **choisir la levure adéquate et de la doser adroitement.**
- **s'assurer d'avoir une hydratation appropriée. L'adapter en fonction de sa farine. Si nécessaire ajouter du malt.**
- **savoir répartir le temps de fermentation entre le pointage et l'apprêt.**
- **donner le temps à la pâte de pousser pour atteindre un volume adéquat avant de la rabattre ou de l'enfourner.**
- **savoir jouer avec la température pour préserver les qualités de la pâte et favoriser les saveurs.**
- **maîtriser l'ajout de malt pour prolonger les fermentations et favoriser le développement des saveurs.**

De la théorie à la pratique

Il ne faut jamais oublier que les pâtes levées sont avant tout des gâteaux qui peuvent être soit salés soit sucrés. L'important est d'avoir un produit léger, aéré et moelleux.

Les produits levés nécessitent une attention particulière pour obtenir un produit d'excellente qualité de ce fait, il faut surveiller la fermentation et bien respecter les températures de pousse. Il ne sert à rien d'augmenter de façon exagérée la levure comme c'est souvent la cas cela ne peut que nuire à la qualité du produit. L'ajout de malt diastasique permet de soutenir de longue fermentation.

Le choix de la levure est important surtout pour des produits sucrés. Il est donc indispensable d'utiliser de la levure osmotolérante. Cette levure est disponible autant pour le grand public que pour les professionnels en France comme au Québec (voir liste des ingrédients page 17)

La farine

France / Professionnel : La farine T45 label rouge est celle que nous vous recommandons, elle permet dans une certaine mesure d'avoir un produit stable même si d'une année sur l'autre et d'un meunier à l'autre il peut avoir des écarts concernant la ténacité ou l'extensibilité.

France / Grand Public : Pour le grand public, il est possible d'utiliser la farine T45 du commerce mais dans ce cas il est important de diminuer l'hydratation des pâtes levées présent dans le livre jusqu'à 25%. Là encore il est possible d'utiliser des farines italiennes comme celle suggérée dans la section des ingrédients dans ce cas l'hydratation peut-être la même ou légèrement moindre.

Québec / Professionnel : La farine tout usage non blanchie, non traitée est conseillée mais il est possible aussi d'utiliser une farine à boulangerie dans ce cas il faudra possiblement augmenter l'hydratation.

Québec / Grand Public : La farine tout usage non blanchie est l'idéale.

Pour ce qui est du beurre vous référer aux pâtes friables.

Kugelhupf

Réaliser un levain levure avec

100 g de farine, la levure, les 12 g de sucre et 100 g du lait à 30°C de la recette.

Mélanger sans pétrir et mettre à pousser à 28°C pour 30 mn à 40 mn.

Le levain levure est prêt lorsqu'il a gonflé et sur le dessus de petits trous se sont formés

Faire un sirop avec le lait et le sucre restants.

Procéder ensuite selon la méthode du sablage

Faire pousser la pâte à 27°C pendant 1h. Mettre au froid jusqu'au lendemain.

Laisser reprendre 30 mn à température ambiante.

Façonner, mettre en moule.

Faire pousser 3h à 28°C

Enfourner à 175°C pour 30 mn.

Levain-levure

Farine T45 Label rouge	**100 g**
Sucre semoule fin	**15 g**
lait	**100 g**
Levure Osmotolérante fraîche	**10 g**
Alternative : Osmo instantanée	3.3 g
Farine T45 Label rouge	**400 g**
Sel	**7.5 g**
Sucre	**120 g**
Levure fraiche Osmotolérante	**10 g**
Jaunes d'oeufs	**80 g**
Lait entier	**154 g**
Beurre	**140 g**
Rhum	**25 g**

Québec : Farine Tout Usage

Le mot de Richard

Le kugelhupf nous a fait travailler dans une autre optique. Toujours plusieurs critères, l'arôme, la saveur, la fermentation, la texture, et le volume.

Comment obtenir un produit suffisamment sucré, bien développé mais sans être sec et en gardant un certain moelleux ?

Pourquoi 25% de saccharose lorsqu'on peut avoir une bonne sensation sucrée avec 15% ? Voilà de quoi soutenir l'importance d'un mélange, comprendre ce qui ce passe dans la vie de notre levure pendant la fermentation. Comment bien la nourrir ?

Des questions en conclusion qui vous ferons relire tout le chapitre.

Une recette nature qui pousse à faire rougir des kugelhupf déjà aromatisé.

Brioche Parisienne

Réaliser un levain levure en mélangeant les ingrédients sans les pétrir.

Mettre à pousser à 28°C pour 30 mn à 40 mn.

Le levain levure est prêt lorsqu'il a gonflé et sur le dessus de petits trous se sont formés

Procéder ensuite selon la méthode du sablage. Vous pourriez aussi utiliser la méthode de l'émulsion. Vous référer aux pages ( )

Faire pousser la pâte à 27°C pendant 1h30. Mise au froid 20 mn au congélateur. Puis mettre au froid 4°C jusqu'au lendemain.

Laisser reprendre 30mn à température ambiante.

Façonner, mettre en moule.

Faire pousser 2h15 à 2h30 à 27°C

Cuisson four ventilé 165°C 10 min 157°C - 15 min.

Levain-levure

Farine T45 Label rouge   100 g
Sucre semoule fin   15 g
oeufs (40g jaunes 64g blancs) 100 g
Levure Osmotolérante fraîche   10 g

Alternative : Osmo instantanée   3.3 g

Pâte

Farine T45 Label rouge   400 g
Sucre semoule fin   60 g
Jaunes d'oeufs   120 g
Blancs d'oeufs   192 g
Beurre   300 g
Sel   7.5 g

Québec : Farine Tout Usage

Le mot de Richard

Un lien familial avec le kugelhupf que l'on retrouve au niveau du procédé et des techniques de fabrication.

Bien sur la texture et le goût sont tout autre.

Nous sommes bien content de démontrer qu'un mélange de façon « traditionnelle » avec toutes ses raisons si structurelles peut être changé pour un résultat tout aussi bon même « meilleur », mais gardons-nous ce « meilleur » pour nous au risque de froisser les « têtus ».

J'aimerai mettre un point d'honneur sur l'hydratation maîtrisée de nos pâtes.

+ D'hydratation → + de Volumes → + de moelleux → + + + de **Plaisir.**

Régalons nos clients et oublions notre confort de travail par un manque de maîtrise au niveau technique.

Gâteau de Compiègne

Réaliser un levain levure en mélangeant les ingrédients sans les pétrir.

Mettre à pousser à 28°C pour 30 mn à 40 mn.

Le levain levure est prêt lorsqu'il a gonflé et sur le dessus de petits trous se sont formés

Procéder ensuite selon la méthode du sablage. Vous pourriez aussi utiliser la méthode de l'émulsion. Vous référer aux pages ( )

Faire pousser la pâte à 27°C pendant 1h30. Mise au froid 20 mn au congélateur. Puis mettre au froid 4°C jusqu'au lendemain.

Laisser reprendre 30 mn à température ambiante.

Façonner, mettre en moule.

Faire pousser 3h à 27°C

Cuisson four ventilé 165°C 10 min 157°C 25 min.

Levain-levure

Farine T45 Label rouge	**100 g**
Sucre semoule fin	**15 g**
Eau	**100 g**
Levure Osmotolérante fraîche	**10 g**
Alternative : Osmo instantanée	3.3 g

Pâte

Farine T45 Label rouge	**400 g**
Sucre semoule fin	**125 g**
Jaunes d'oeufs	**200 g**
Eau	**35 g - 25 g**
Beurre	**250 g**
Sel	**6 g**

Québec : Farine Tout Usage

Le mot de Richard

Ah le gâteau de Compiègne ! Enfin il revient !

Riche (oui pas gras, riche) et alors ? On ne va pas à la boulangerie exclusivement pour se nourrir mais aussi pour se faire plaisir. Voilà comment est décrite la gastronomie française, une cuisine de plaisir avant tout.

Alors faisons nous plaisir avec ce gâteau.

Le plaisir commence au pétrissage. C'est tout simplement souple, coloré, lisse, non collant, brillant.

Le plaisir continue à la dégustation après presque 3 heures d'apprêt.

Une odeur typée et une couleur jaune d'œuf. Une mie légère, souple et cotonneuse. Un goût légèrement gras, agréable et prononcé.

Une croûte friable, croustillante et déchirante. Je vous offre un café ?

Panettone à la levure

Réaliser un levain levure en mélangeant les ingrédients sans les pétrir.

Mettre à pousser à 28°C pour 30 mn à 40 mn.

Le levain levure est prêt lorsqu'il a gonflé et sur le dessus de petits trous se sont formés

Procéder ensuite selon la méthode du sablage. Vous référer à la page 39.

Faire pousser la pâte à 27°C pendant 3h.

Dégazer légèrement. Repos 10 mn

Façonnage à 450 gr puis 3h de pousse à 27°C dans un moule à papier spécial panettone..

Enfourner à 160°C puis 140°C cuisson jusqu'à 93°C à cœur. Four Ventilé

À la sortie du four enfoncer deux pics à chacune des extrémités de la base du panettone et le renverser pour 12h.

Levain-levure

Farine T45 Label rouge	**100 g**
Sucre semoule fin	**12 g**
Eau	**80 g**
Levure Osmotolérante fraîche	**6.6 g**
Alternative : Osmo instantanée	2.2 g

Pâte

Farine T45 Label rouge	**250 g**
Sucre semoule fin	**130 g**
Jaunes d'oeufs	**146 g**
Eau	**50 g**
Beurre	**190 g**
Sel	**3.6 g**
Oranges confites	**100 g**
Raisins secs	**100 g**
Vanille en gousse	**2**

Québec : Farine Tout Usage

Le mot de Richard

Le panettone, une histoire de levain ? Cette version à la levure ne détrônera pas l'original au levain mais pourra être une alternative.

Pour la mise au point de cette recette, la maîtrise et les connaissances techniques étaient requises. Une fermentation longue pour un développement d'arôme, de texture, une hydratation poussée, un ajout de « sucre » dû à sa garniture. 3h de pointage complète aussi tout cela.

Faites l'expérience d'un panettone accessible. Ici le levain levure va officier dans le développement naturel de la texture et des arômes. Une prise de température à cœur du produit pendant la cuisson viendra finaliser sa mise au point.

Je me suis laissé surprendre par le résultat de ce produit au fur et à mesure de son élaboration. Il y a des moments où il n'y a pas d'histoire à raconter, Il faut le fabriquer. Et croyez-moi, il est délicieux tiède avec une glace au lait d'orgeat . Avis aux restaurateurs.

Conclusion

Richard :

Les textures, La farine, si simple mais si complexe.

Un domaine qui m'a toujours fasciné. Déjà en 2004 je faisais mon mémoire de BTM sur la farine et voilà que 11 ans plus tard j'en parle encore.

En conclusion, ce livre nous appelle à ne pas rester figé dans nos recettes et à penser matières. Aucune recette n'est vraiment écrite, à partir du moment où nos matières premières évoluent, nos recettes vont dans le même sens.

Nous avons, avec Berry, essayé de montrer une voie à suivre, celle qui nous correspond, pour construire notre parc de recettes et surtout comprendre ce qui ce passe et pourquoi .

Il ne faut ni être un allumé, ni un fou, ni un original pour comprendre cette gymnastique qui ouvre des capacités à la création de saveurs et de textures. S'amuser et se faire plaisir reste ce qui fait de la gastronomie ce lien entre passion et métier.

Un vrai boulanger ne travaille pas son pain sans connaître sa farine, ses ferments et autres. Faisons de même en Pâtisserie.

Notre métier est vaste mais chaque partie à l'importance que l'on veut bien lui donner.

À vous de jouer.

Comme le disait Monsieur Mallet : « *Ce n'est pas l'impossible qui désespère le plus, mais le possible non atteint.* »

Conclusion

Berry :

Ce livre a été réalisé pour montrer qu'une recette est un jeu que l'on peut construire à sa guise à condition de tenir compte de certaines règles. Ensuite libre à vous de faire d'elle ce que vous souhaitez qu'elle soit. Tous les exemples de recettes du livre peuvent être modifiés à votre guise. Changer l'hydratation par des infusions, des jus de fruits, ajouter des parfums et des épices, diminuer le beurre ou le remplacer par de l'huile d'olive. Vous pourriez même remplacer le levain-levure par un levain liquide.

Comme vous le voyez une recette n'est pas figée, elle est ce que l'on veut qu'elle soit.

Le plus souvent, dans les livres de recettes, on vous laisse seul face à vos questions. Ici nous avons voulu vous mettre dans les mains toute la théorie nécessaire pour comprendre comment agir sur votre recette et mieux interpréter les défauts qui pourraient se produire.

L'emphase a été mise une fois de plus sur la farine, car elle est le nerf de la guerre pour la réussite d'un produit. Elle est le pilier sur lequel se construit la recette.

La collaboration avec Richard fut des plus enrichissante car bien évidemment nos expériences propres nous conduisent à poser des regards différents, à soulever des questions auxquelles on ne pense pas toujours et à faire face à de nouvelles problématiques et de ce fait nous lancer sur de nouvelles pistes.

C'est pourquoi le livre n'en restera pas là, il va se prolonger sur internet. Tous les détails seront disponibles sur le site de patisserie21.com